Lutz Stolberg

**Das Oldie-Buch – Die 60er**

Lutz Stolberg

# Das Oldie-Buch – Die 60er

**Für E. Stolberg**

in memoriam

Projekte-Verlag
Cornelius GmbH

Impressum


Mitglied im Börsenverein des Deutschen Buchhandels

Herausgeber: Projekte-Verlag Cornelius GmbH
Satz und Druck: Buchfabrik Halle • www.buchfabrik-halle.de
Fotos: Privatarchiv Lutz Stolberg
Projektidee: Reinhardt O. Hahn



ISBN 978-3-86634-720-5
Preis: 9,80 EURO

## 30. November 2001: „Mit dir und ohne dich“ Tod eines Beatles

*„And the time will come when you see we're all one, and life flows on within you and without you.“*
*„Und die Zeit wird kommen, wo du siehst, wir sind alle eins, und das Leben fließt weiter, mit dir und ohne dich.“*

*George Harrison „Within You Without You“ (1967)*

Heute ist Freitag, und am Sonntag ist der erste Advent. Die Kerzen duften nach Abschied. Seltsame Jahreszeit. Was wärmen und anheimeln soll, wirkt wie die Staffage zur globalen Trauer. George Harrison ist tot. CNN hat den Krebstod des 58-jährigen um 8.30 Uhr gemeldet. Wie ein Lauffeuer eilt die Nachricht durch die Agenturen, Fernsehsender, durch das Internet. In den Info-Radios laufen die seit Wochen oder Monaten vorproduzierten Nachrufe, die für „gefährdete Promis“ immer sendefertig bereit liegen. Am Dienstag war es Regine Hildebrandt, die beliebte Politikerin aus Brandenburg. Dieselbe Krankheit. Heute ist es Harrison. Es hätte auch umgekehrt kommen können. Nein, ein Schlag mit voller Wucht ist es nicht, sondern mehr erwartete, unabänderliche höhere Gewalt.

Plötzlich ist es da, das Gefühl „Déjà Vu“ – „Schon mal dagewesen“, denke ich unter dem Eindruck eines bestimmten Momentes. Oft sind es Splitter aus dem Unterbewussten, die mit Farbe, Geruch oder Klängen zu tun haben.

Musikfans in aller Welt haben seit Jahren zu Beginn Dezember solche Déjà-Vu-Momente, genauer, seit dem 8. Dezember 1980, dem Todestag von John Lennon. Im Alter von 40 Jahren wurde Lennon mitten in New York vorsätzlich von dem Fanatiker Mark David Chapman erschossen, der lebenslang dafür einsitzt. Das ist es also: Die dunkle Jahreszeit und der

Schein der Adventslichter erinnern an die brennenden Kerzen vor dem Dakota-Haus in der 72. Strasse, die trauernde Fans damals entzündet hatten.
Am 8. Dezember erklingt noch ein Beatles- oder Lennon-Song.

**Das „Déjà Vu" ist perfekt: „So also war es damals."**

Allerdings, denke ich, starb Harrison friedlich und nicht durch einen unfassbaren Gewaltakt, wie er 1980 die ganze Welt gelähmt hatte. Dennoch, die zeitliche Nähe zum Lennon-Datum macht die ersten Dezembertage endgültig zu einem „schwarzen Loch" für alle Beatles-Fans.
Wir werden da nie mehr rauskommen. Und als ich ins Funkhaus fahre, um ebenfalls weitgehend vorproduzierte Harrison-Huldigungen „on air" zu schicken, dudelt mir imaginär die Swordmandel im Kopf, jenes indische Zupfinstrument, das Harrison in „Strawberry Fields" gespielt hatte.
„George ist tot", denke ich, „und die Beatles sind tot." Jetzt endlich entdecke ich das wirklich Bittere an diesem Tag: Der letzte Traum einer Beatles-Reunion, sei es nur zu dritt oder zu viert mit Johns älterem Sohn Julian, er ist ausgeträumt. Noch viel schlimmer: Die Gerüchte darum sind ab heute für immer verstummt, und mit ihnen die letzten leisen Wünsche der Fans. Schluss, aus, vorbei, für immer. Die „Beatles" sind tot. Doch – mir weicht der Klang der Swordmandel nicht aus dem inneren Ohr. Er verhallt undeutlich im Zeittunnel. Schematisch reproduziere ich im Gedächtnis „Strawberry Fields Forever". Ein großer Song aus einer großen Zeit, die bewusst zu erleben mir nicht vergönnt war.

**Der Fluch der späten Geburt, ich kann nichts dafür.**

Ein großer Song, der mir im Kopf Bilder über diese Zeit malt. Immer wieder neu. Nur heute funktioniert es nicht mehr.

„Vielleicht", denke ich wehmütig, „sind die Sechziger doch länger her als ich dachte. Ich muss die Platte wieder hören, dann werde ich mich erinnern. Nur so wird alles wieder wie gewohnt."

## Zitate über George Harrison

*„Menschen auf der ganzen Welt werden ihn sehr, sehr vermissen."*
*(Großbritanniens Premierminister Tony Blair)*

*„Er ist so etwas wie mein jüngerer Bruder gewesen. (...) Er war ein fantastischer Kerl und ein tapferer Mann und hatte einen wunderbaren Sinn für Humor."*
*(Ex-Beatle Paul McCartney)*

*„Danke George, es war großartig, dich zu kennen."*
*(Yoko Ono, Witwe von John Lennon)*

*„George Harrison war einer der größten Söhne Liverpools. Er war weit mehr als nur ein talentierter Musiker. Er war ein sehr nachdenklicher und mitfühlender Mensch."*
*(Liverpools Bürgermeister Gerry Scott)*

*„Er wollte alles lernen, am liebsten über Nacht. Ich habe ihm natürlich alles, was ich konnte, gerne beigebracht."*
*(Tony Sheridan, englischer Musiker und Wegbereiter der Beatles)*

*„Wie er glaube auch ich jetzt, dass er in eine höhere Dimension eingegangen ist. Gott schenke ihm Frieden."*
*(Beatles-Produzent Sir George Martin)*

*„George war schon damals der Stille mit den eher leisen Tönen."*
*(Fotograf Günter Zint, der die Beatles 1962 bei ihrem Karrierstart im Hamburger „Star Club" kennen lernte)*

*„Der Beitrag der Beatles für die Popmusik des 20. Jahrhunderts wird unvergessen bleiben. (...) So dramatisch wie einst John Lennon haben wir nun George Harrison verloren, aber die Beatles werden ewig leben."*
*(Spaniens Kulturministerin Pilar del Castillo)*

*„Bisher hat es immer noch die Hoffnung auf eine Wiedervereinigung der Beatles gegeben. Vielleicht hätte Julian Lennon dabei den Platz seines Vaters einnehmen können. (...) Es ist wirklich das Ende eines Traums."*
*(John Chambers von der Liverpooler Beatles-Gesellschaft)*

# I.

## Januar 1960 – „G.I. Blues“ oder: Warum singende Soldaten bessere Patrioten sind

*„Before Elvis, there was nothing.“*
*„Vor Elvis war nichts.“*

*John Lennon*

Die Jahre mit der „Sechs“ beginnen an einem Freitag. Viel vermerken die Geschichtsbücher nicht, bis auf jene Kleinigkeit von großer Symbolkraft: John Fitzgerald Kennedy, Senator von Massachusetts, will Präsident werden. Der 42-jährige Jungstar auf Amerikas politischem Parkett gibt seine Kandidatur für die Demokraten bekannt. Noch ist er ein Geheimtipp.

Aber im November wird er die Wahl vor seinem Herausforderer, dem Republikaner Richard Nixon, knapp gewinnen und 35. Präsident der Vereinigten Staaten von Amerika. Jugendlich, frisch, agil – wie Kennedy beginnen die Sechziger musikalisch nicht gerade:

Sicher, Elvis is back! Aber, der „King Of Rock‘n Roll“ hat gedient, hat brav die Uniform der Siegermacht Amerika getragen, hat hessische Mädchen mit seiner Anwesenheit betört und darauf bestanden, dass ihm keine Sonderrechte eingeräumt werden.

Elvis – everybody's soldier, einer mitten aus dem Volk.

**„Frage nicht danach, was dein Land für dich tut, sondern was du für dein Land tun kannst“, schmettert Kennedy im Wahlkampf der Jugend entgegen.**

Elvis hat es vorgemacht! „Schulterschluss mit dem Establishment“ werfen ihm berühmte Kollegen vor.

John Lennon formuliert es später drastischer: „Bei der Army", sagt er, „haben sie Elvis wohl die Eier abgeschnitten." Doch dem ist solch Gerede egal. Immer noch besser als zum Priester zu mutieren und nur noch Gospel zu singen, wie es Little Richard tut. Oder dieser Chaot, der sein Piano mit Fäusten und Füßen traktiert und heimlich seine 13-jährige Cousine geheiratet hat?
Nein, Skandale sind nicht schicklich zu Beginn der Sechziger und so gerät auch Jerry Lee Lewis ins Abseits. Ganz anders Elvis: Er wolle jetzt ein ernsthafter Schauspieler werden, verkündet er, und seine Songs werden sanft und smart, null Bock mehr auf Rebellion. Hätte das Mutter Gladice noch erlebt! Sie starb, als Elvis Soldat in Deutschland war. Elvis, der Märtyrer. Mutter ist tot.

„Mutter, wo kommt das Blut her?" Anthony Perkins ist Norman Bates. Eigentlich wollte Mister Hitchcock nur einen kleinen Schwarz-Weiß-Film im Schatten seiner großen Werke drehen – so zwischendurch. Aber – aus dem Low-Budget-Grusel wird der meistdiskutierte Film des Jahres. Ein Trauma für alle, die gern duschen. Kinostart für „Psycho" ist im März. Auf dem deutschen Kinoplakat steht: „Pünktlich kommen! Nichts verraten!" Nur so viel: die Hauptdarstellerin segnet nach einer halben Stunde schon das Zeitliche. Ein außergewöhnlicher Film ...
Auf die Frage, was mit jenen Zuschauern geschehen soll, die während der Vorstellung ohnmächtig werden, antwortet Sir Alfred: „I hope, they have a special man, who goes around and pick up the bodies, when the show is over." („Ich hoffe, sie haben einen speziellen Mann, der die Körper aufliest, wenn der Film vorüber ist.") Typisch Hitchcock: Der verkappte Sadist mimt den lachenden Dritten, während seine Schauspieler sich für ihn schinden und die Zuschauer vor Angst fast wahnsinnig werden.

Dabei hatte alles so harmlos angefangen. Ein bisschen sieht er aus wie Elvis, der junge Mister Bates. Schüchtern lächelt er, ist nett und ein bisschen nervös, sobald Leute ins Motel kommen. Er hat so selten Gäste. Einsam betreibt er sein Motel, das Bates Motel, unten im Tal, das so von Gott verlassen wirkt.
Von Bates ist scheinbar nichts zu befürchten, aber – was hat Hitchcock mit uns Zuschauern vor? Zu Beginn ist es eine Gaunergeschichte. Es gibt viele Gaunergeschichten. Hier hat Marion Crane 40.000 Dollar unterschlagen und sie begibt sich damit auf die Flucht. Wir fiebern mit ihr, denn die junge Frau will doch nur ihr Glück, ihr heimlicher Geliebter hat Schulden, sie will ihm helfen und sieht aber ein, dass dieser Weg nicht richtig ist.

**Die Moral stimmt in Amerika, doch dann, mitten im tosenden Unwetter unter südlicherem Himmel, findet sie das „Bates Motel".**

Das verheißt Geborgenheit. Der Laden läuft nicht so richtig, doch Mister Bates führt ihn mit großer Disziplin. Der Mann hat seine eigenen vier Wirtschaftswunder-Wände, Home, Sweet Home ...
Das Grauen kommt unverhofft. Es dauert 45 Sekunden in exakt 70 verschiedenen Kameraeinstellungen. Das vertraute Badezimmer – ein Schauplatz des Massakrierens. Der nette Mister Bates mutiert in Schüben zur geisteskranken Bestie. Wer die 100 „Psycho"-Minuten im Kino überstanden hat, ist perfekt verunsichert.
Sorry, Mister Hitchcock, haben Sie das gewollt? Ja, die Bedrohung ist überall. Noch am Tag danach wirkt der Eindruck, diese Welt ist ein Minenfeld, wo man geht und steht. „Frankreich hat die Bombe," schreiben die Gazetten im Februar. Ein weiteres Land hat sich zur Atommacht hochgerüstet.

Die Welt scheint am Abgrund angekommen und man könnte nur noch heulen, wenn es mitunter nicht so unfreiwillig komisch wäre:
Der bauernschlaue Staatschef der Sowjetunion hat seinen spektakulärsten Auftritt vor der UNO in New York im Oktober. Während einer Debatte über Entkolonialisierung versucht der irische Konferenzvorsitzende Frederick Boland, für Ruhe zu sorgen. Er schlägt dabei derart heftig auf sein Pult, dass der Ordnungshammer zerbricht.
Nikita Chrustschow, der schon mehrfach sein Missfallen über Redebeiträge mit trommelnden Fäusten zum Ausdruck brachte, zieht nun den rechten Schuh aus und hämmert mit ihm auf den Tisch. Doch anstatt sich für die schlagende Unterstützung zu bedanken, vertagt Mister Boland die Sitzung.

**Im Eifer kalt-kriegerischer Wortgefechte gerät Politik zur Show.**

Chrustschow muss wissen, wie das geht, denn er hatte beim Staatsbesuch im Vorjahr zusammen mit Präsident Eisenhower auch die großen Filmstudios in Hollywood angeschaut. Gruppenbild mit Staatschef: Maurice Chevalier und Natalie Wood posierten mit Chrustschow für die Fotografen.
Ob beim Handschlag ein Funken übergesprungen war? Der Zeremonienmeister politischen Theaters aus der Sowjetunion berechnet offenbar genau, wie er seinen Pathos, seine Cholerik und seine rednerische Angriffslust einzusetzen hat, um auf die Interessen seines Landes hinzuweisen.

Als Elvis nach Hollywood kommt, spricht keiner mehr über Chrustschow. Wetterleuchten war gestern, heute wachsen wieder lange Schatten auf dem Globus. Da kommt die seichte Filmkost gerade recht – zweitklassige Regisseure kurbeln eine Klamotte nach der anderen herunter, Elvis als G.I. in Germany, Elvis als Westernheld. Er spielt fast alles und doch

immer nur sich selbst. Er singt ein deutsches Volkslied: „Muss i' denn zum Städtele hinaus!" Die Szene ist berührend: Elvis vor einer Kinderschar mit einer Kasperpuppe auf dem Arm, die Kinder plärren voll Hingabe den Refrain, Elvis schaut in die Kamera. Ein Schwarz-Weiß-Film. Elvis' Blick ist melancholisch und abwesend. Hat er das Rock-Raubtier in sich getötet hat? Weil Gladice nicht mehr lebt?
Ob Schnulze oder deutsches Volkslied, alle lieben Elvis. Nur: Liebt Elvis sich auch selbst? Wofür hat er sich freiwillig geopfert? Elvis, der Martyrer ohne Mutter. Elvis, der Mann ohne Eier. Kennedy sagt: „Frage nicht danach, was dein Land für dich tut, sondern was du für dein Land tun kannst."

## Zitate über Elvis

*Er war ein Rocker. ich war ein Rocker. Ich rocke nicht mehr, und er rockt nicht mehr.*
*Little Richard*

*Er hat einfach gar nichts zur Musik beigetragen.*
*Bing Crosby*

*Es gibt zwischen Mozart und Elvis nur einen Unterschied: Elvis machte gute Musik.*
*Keith Richards*

*Ohne Elvis hätte es keiner von uns geschafft.*
*Buddy Holly*

*Ich danke Gott für Elvis Presley. Ich danke dem Herrn, dass er Elvis geschickt hat, die Tore aufzustoßen, damit ich diese Straße gehen konnte.*
*Little Richard*

*Wann immer es mir schlecht ging, legte ich eine Elvis-Platte auf, und dann fühlte ich mich großartig.*
*Paul McCartney*

*Ich betete ihn an.*
*John Lennon*

*Elvis ist die größte kulturelle Kraft im 20. Jahrhundert. Er führte überall den Beat ein, in Musik, in der Sprache, in der Kleidung. Er ist eine totale soziale Revolution.*
*Leonard Bernstein*

# II.

## Juni 2001: „Those Were The Days" – eine Begegnung mit Tony Sheridan

*„Die Dame hat immer ihr Oberteil weggeworfen, und dann mussten wir ran. Wir haben Buddy Holly und Chuck Berry gespielt, immer 20 Minuten lang."*

*Tony Sheridan*

Er sieht aus wie ein in Ehren ergrauter Rockstar, schütteres Haar, struppiger Bart – das macht weise – und eine Brille hochdroben auf der Nase. Tony Sheridan ist kein „alter Wilder", sondern ein seriöser Rock'n Roll-Historiker, der irgendwann in grauer Vorzeit selbst mitgemischt hat. Er lebt seit 20 Jahren in der Nähe von Kiel. Er spricht fließend Deutsch, natürlich mit Akzent. Zum 40. Jahrestag seiner ersten Plattenaufnahme zusammen mit den Beatles steht er Rede und Antwort. Er ist nach Glauchau in Westsachsen gekommen. Dort wird er abends im Stadttheater mit neuer Band die alten Hüte spielen.

Hamburgs Sündenmeile St. Pauli: Im April 1962 eröffnete dort der Star-Club (Plattenhülle). Die Beatles wurden zur Hausband.

„Ich bin im Juni 1960 nach Hamburg gekommen", erzählt er, raucht einen dünnen Zigarillo und flieht mit einer Qualmwolke in die Erinnerung. „Die Beatles sind nur zwei Monate nach mir gekommen. Wir waren damals natürlich alle kleine Lichter." Fast ein Fall von falscher Bescheidenheit, denn Anthony Osmond 'O Sheridan McGinnity – so heißt er richtig – hatte damals den Status, „Twistkönig von England“ zu sein. Er war im britischen Fernsehen als Begleitmusiker von Gene Vincent und Roy Orbison aufgetreten und – als er selbst – in der Fernsehshow „Oh Boy!“.

Bruno Koschmider, „ein verkrüppelter ehemaliger Zirkusclown und Feuerschlucker, dem einige Striplokale und Pornokinos in Hamburg-St. Pauli gehörten“ (Beatles-Biograph Barry Miles), holte Sheridan als Attraktion für seine Clubs „Indra“ und „Kaiserkeller“ nach Hamburg auf die „Große Freiheit“.

Sheridan bezeichnet seine Songs als „Second Hand-Musik“. Elvis, Buddy Holly, fast alles wurde damals nachgesungen. „Erst in Hamburg haben wir das ein wenig weiterentwickelt, aus Langeweile. Man kann ja nicht die gleichen Lieder immer gleich bringen.“

Ungefähr 200 britische Beat-Helden versuchten damals jeden Abend in Hamburgs „Roter Meile“, Eigenes zu entwickeln und aus dem Sammelsurium der Subkultur herauszuragen. Einige von ihnen wurden berühmt: Dave Dee, Chris Andrews, Ritchie Blackmore, Les Humphries. Die Hansestadt war Humus für den „Garten des Lebens“ der Sechziger – aus diesem Schlagwort machte die Band Iron Butterfly später den Song „In-A-Gadda-Da-Vida“, die erste Platin-Platte der Rockmusik.

„Jeder Jüngling aus der Provinz und den biederen Bezirken von London träumte damals vom Verbotenen, von Soho“, meint Sheridan. Londons Vergnügungsviertel bot Suff, Sex und Musik Tür an Tür, genau wie die „Große Freiheit“.

Für Sheridan war Sankt Pauli „...eine Verlängerung von Soho. Außerdem war Hamburg bekannt, lag zentral und gut erreichbar und hatte einen Hafen. Es roch hier wie in den Docks von London oder Liverpool. Hamburg war irgendwie nicht Deutschland.“

Und – die alliierte Siegermentalität habe Britanniens Beat-Barden mitgespielt, „...wir konnten uns auf dem Boden einer von uns besiegten Nation austoben. In good old England hatten

wir da Hemmungen. Und unsere englische Kultur, die ja auch amerikanische Züge trug, weil wir soviel Musik von denen nachspielten, hat wiederum die deutschen Kids angelockt. So kam es zu einer Verschmelzung. Im Grunde genommen haben wir Hitler die Beatles zu verdanken", lacht er und berichtigt gleich: „Nein, eigentlich dem Kaiser. Mit dem hat doch der ganze Schlammassel im 20. Jahrhundert angefangen."
Für Hamburg gipfelte der „Schlamassel" in der sogenannten „Operation Gomorrha". Am 24. Juli 1943 verwandelten britische Bomber die Stadt in einen Feuersturm. Drei Jahre zuvor hatte die deutsche Luftwaffe London und Liverpool in Schutt und Asche gelegt.

„Die erste Begegnung mit den Beatles war im ‚Studio X', einem Strip-Lokal." Sheridan zündet sich ein zweites Zigarillo an, nimmt einen tiefen Zug und kritzelt nebenbei Autogramme auf Schallplatten, die sorgsam gestapelt vor ihm liegen. Er ist bekannt bei Beatles-Fans und heute für viele eine Art „Ersatz-Beatle", weil man an die „Echten" nicht mehr herankommt.

**„Die Dame hat ihr Oberteil weggeworfen, und dann mussten wir ran. Wir haben Buddy Holly und Chuck Berry gespielt, immer 20 Minuten Musik und dann 20 Minuten Strip."**

Und eines Abends kamen die einfach rein. Man sieht sich, man erkennt sich. Es ist das Image:
Lederjacken, Jeans, hohe Stiefel. Das waren junge Kerle, die haben Musik gemacht wie ich, und so sind wir ins Gespräch gekommen."
Sheridan kannte die Beatles schon gerüchteweise, sie hatten einen Ruf als „exotische Band, was Kleidung und Auftreten betraf."
Für's Auftreten sorgte „Kaiserkeller"-Wirt Koschmider höchstpersönlich. Mit seinem legendären Anfeuerungsruf „Mach'

Schau!“ hetzte er die Beatles abends bis zu acht Stunden auf die Bühne. In den Pausen gab es Freibier und was zum Durchhalten: Kein Steak, kein „Chrustschow auf Toast“ (McCartneys Lieblingsgericht während der „Hamburg Days“), sondern eine Runde Preludin für jeden – Aufputschtabletten. Die Beatles standen erstmals unter Drogen. Das befähigte sie zur ersten ekstatischen Mixtur von Rock und Rausch, lange bevor der Begriff „Punk“ aufkam. Sie fabrizierten höllischen Gitarrenkrach und John Lennon sprang auf die Bühne mit einer Klobrille um den Hals. Das war Rock in Reinkultur: Sie stießen die Köpfe zusammen, Lennon – die Entdeckung als Showtalent – tanzte herum wie ein Gorilla. Das Publikum geriet jeden Abend aus dem Häuschen. Nein, privat hätten sie sonst kein besonderes Charisma gehabt, sagt Sheridan.
Aber – nach längerem Gespräch habe sich herausgestellt, dass die „mehr im Kopf hatten als nur Rock'n Roll. Die interessierten sich auch für Kunst und Fotografie.“
Zuständig dafür waren die Kunstschul-Absolventen John Lennon und Stuart Sutcliffe, begeisterter Hobbymaler und der „schöne Beatle“.
Sie waren unzertrennlich und hatten sich am Liverpooler College Of Art kennengelernt. Jene britischen Kunsthochschulen galten als Sammelbecken talentierter Pflänzchen ohne Klassenschranken, anders als im rauen englischen Schulsystem. Viele Sixties-Popstars hatten eine solche Kunstschule besucht: Keith Richards von den Rolling Stones, Pete Townshend von den Who, Syd Barrett von Pink Floyd oder Ray Davies von den Kinks. Spätere Berufsmachos, in Wahrheit jedoch sensible Bürschchen mit dem Wunsch nach behutsamer Erziehung. Lennon hatte seinen Kumpel überredet, in seiner Band den Bass zu zupfen, und Sutcliffe tat es, mehr schlecht als recht. Mit dem Rücken zum Publikum und dicker Sonnenbrille gegen bohrende Blicke gewappnet, zog Sutcliffe eine Show ab, die keine war, und vor allem McCartneys

Unmut auf sich: Erstens, weil er musikalisch Müll lieferte. Zweitens: Er lähmte die Bühnenshow der ganzen Band. Drittens: Er zog – vor allem ohne Sonnenbrille – die weiblichen Blicke auf sich. Er mimte ungewollt den traurig-schönen James Dean. Letzteres muss McCartney geradezu rasend gemacht haben!
Im Juni 1961 beschließt Sutcliffe, dem Rausschmiss vorbeugend, bei den Beatles auszusteigen und sich der Malerei zu widmen. Er will in Hamburg bleiben, hat ein Bewerbungsgespräch bei dem Maler und Bildhauer Eduardo Paolozzi, Lehrer an der Kunstschule Hamburg. Er bekommt ein Stipendium. Er verlobt sich mit Astrid Kirchherr und lebt künftig bei ihr.
In dieser Zeit betreten die Beatles zum ersten Mal so etwas Ähnliches wie ein Plattenstudio, in der Friedrich-Ebert-Halle, Alter Postweg 38, in Hamburg-Harburg. Es ist Donnerstag, der 22. Juni 1961. Bert Kaempfert bittet zum Vorspiel. „Da war dieser Typ, von dem es hieß, er sei ein berühmter Plattenproduzent", beschreibt George Harrison später die Situation in der „Beatles Anthology". „Er war nicht nur Produzent, sondern auch Songschreiber. Mit einem Trompetensolo hatte er eine Nummer 1 in Amerika gelandet, ‚Wonderland by Night'. Als er in unseren Club kam, meinten wir, allererste Sahne spielen zu müssen."
Kaempfert, der Komponist solcher Evergreens wie „Strangers In The Night" oder „Spanish Eyes", hatte Sinn für Sahne und engagierte die Beatles als Begleitband für Tony Sheridan. Sheridans Stimme gefiel ihm, „weil sie dieses Elvis-Vibrato hatte."
Keineswegs aber hatte Kaempfert die Absicht, die Beatles groß rauszubringen. „Er war ja freischaffend und daher nicht gebunden an Polydor. Um Geld zu verdienen, musste er also immer was abliefern", sagt Sheridan. „Wegen seiner großen Erfolge in Amerika hatte man großen Respekt vor seiner Meinung."
Kaempferts Meinung war, dass getwistet werden müsse, um kommerziell den Geist der Zeit zu treffen. Twist hieß der letzte

Tanzmodenschrei aus New York, ein gewisser Chubby Checker hatte ihn dort angeblich erfunden.
Dabei war dessen Superhit „The Twist“ nur eine Coverversion eines recht erfolglosen Originals von Hank Ballard And The Midnighters von bereits 1958.

**Beim Twist umrunden sich beide Partner gegenseitig mit kreisenden Hüften, ohne sich jedoch zu berühren.**

Das war die Geburtsstunde der Sixties-Freistil-Tanzmode, die sich in ständig wechselnden Spielarten durchs gesamte Jahrzehnt bis hin zur größten Massenfete aller Zeiten in Woodstock ziehen sollte!
„Alle dachten, im nächsten Jahr redet kein Mensch mehr von Twist, und so war es auch“, sagt Sheridan, „aber die Musik ging weiter.“
Kaempfert hatte weder Ahnung von Twist noch von modischer Musik. Bei einem Vorgespräch in seiner Villa durften die schmuddeligen Engländer nicht mal auf seinem Sofa sitzen. Die Haushälterin verbot es. Um jedoch die schnelle Mark zu machen, vertraut er Sheridan und seiner neuen Band musikalisch blindlings und lässt sie im Studio gewähren.
Er überwacht lediglich den technischen Aufnahmeprozess. Die Friedrich-Ebert-Halle – ein Mehrzweckbau für Kongresse und Konzerte – ist das „natürlichste“ Aufnahmestudio der Welt, oder anders gesagt: das denkbar ungeeignetste. Freunde feiner Klangkost bekommen graue Haare bei dem grauenhaft verhallten Sound, der jedoch bei Sheridans Aufnahmen manche musikalische Unebenheit übertönt.
„Instrumente, Mikrofone und eine Bandmaschine, das war's“, beschreibt Sheridan das Equipment von damals. „Wir haben alles live eingespielt. Nach zwei oder drei Aufnahmen war der Song im Kasten. Was man an Echo hört, das war die Naturhalle. Und das haben wir ausgenutzt. Hall sollte von Anfang

an in die Aufnahmen rein." Ein kleines Seemannslied, das über die sieben Meere hallt, wurde zur Single bestimmt, damit die Kasse schneller klingelt: „My Bonnie" – eher eine Notlösung als ein geplanter Single-Klassiker. „Wenn wir nachts in den Clubs so lange spielen mussten, ging uns manchmal das Liedgut aus und wir griffen auf die unmöglichsten Sachen zurück. Und so haben wir irgendwann dieses alte Liedchen gnadenlos verrockt. Es war einfach ein Gag."

Produzent Kaempfert hat gut Lachen, „My Bonnie" verkauft sich innerhalb von zwei Wochen 20.000 mal, erreicht damit Platz 32 der deutschen Single-Hitparade und kann sich zwölf Wochen lang darin behaupten.

Den weiteren Aufnahmen dieser Session vom Juni '61 ist kein Erfolg beschieden: „The Saints", „Why", „Sweet Georgia Brown" und „Nobody's Child" wandern in die Archive der Firma Polydor. Dort schlummerten sie jahrelang bis zur Wiedererweckung im Sturm der Beatles-Mania.

Immerhin – Kaempfert hatte den als Begleitband in „Beat Brothers" kurzzeitig umbenannten Beatles zwei Solo-Stücke zur Einspielung gewährt: Den Rock-Standard „Ain't She Sweet", eine Fremdkomposition von Milton/Yeller, und das von Lennon und Harrison geschriebene Instrumental „Cry For A Shadow".

Jeder Musiker erhielt von Polydor ein einmaliges Honorar in Höhe von 300 Mark. Am 20. Februar 1962 bittet Beatles-Manager Brian Epstein in einem Brief an Bert Kaempfert, die Beatles aus dem Schallplattenvertrag zu entlassen. Der 27-jährige Epstein hat ein heißes Eisen im Feuer: George Martin, Plattenproduzent und Chef des kleinen Labels Parlophone bei der EMI in London. Er interessiert sich für die Band aus Liverpool.

„Größer als Elvis" soll diese nach dem Willen ihres Managers werden. Epstein führt in Liverpool mehrere Filialen einer Ladenkette für Schallplatten und Elektroartikel, die seinen Eltern gehört.

Er schreibt nebenbei Artikel für die Musikzeitschrift „Mersey Beat“ und war höchstwahrscheinlich dadurch mit den Beatles in Kontakt gekommen, denn der mysteriöse „Raymond Jones“, der am 28. Oktober 1961 angeblich das Geschäft betreten, nach „My Bonnie“ gefragt hat und dadurch Epstein zum Treffen mit den Beatles inspiriert haben soll, konnte bis heute nicht ausfindig gemacht werden.
Ein anderer Mitarbeiter, Alistair Taylor – später Co-Manager der Fab Four – behauptet sogar, er habe den Eintrag im Bestellbuch unter dem erfundenen Namen „Raymond Jones“ vorgenommen.
„Bert Kaempfert war musikalisch hochgebildet und hat ganz sicher gemerkt, dass die Beatles ein besonderes Potenzial hatten“, meint Sheridan, „aber er konnte damit nichts anfangen. Er klebte zu sehr in seiner Auffassung von guter Unterhaltungsmusik mit Orchester, Schlagersängern und so.“ Deshalb lässt er die Beatles ohne Wimpernzucken gehen: „Die Vertragspartner des Vertrages zwischen The Beatles und der Bert Kaempfert Produktion sind sich darüber einig, dass der Vertrag mit Wirkung vom 25.5.1962 aufgelöst ist.
Die Vertragspartner sind sich darüber einig, dass keine der Parteien irgendwelche Ansprüche gegen die andere Vertragspartei hat oder geltend machen wird“, heißt es in dem Papier, welches Kaempfert am gleichen Tag aufgesetzt hatte.
Am 2. Juni fliegen die Beatles von Hamburg nach England zurück. Noch einmal – im Dezember – sollten sie im Hamburger Star Club auftreten. Mit Ringo Starr am Schlagzeug, der für den wegen mäßiger Leistung gemobbten Pete Best in die Gruppe kommt. Zu dieser Zeit war ihre erste eigene Single schon erschienen, „Love Me Do“ erreichte Platz 17 der britischen Hitparade – verhaltener Auftakt eines Wirbelsturms, der im Jahr darauf als „Beatles-Mania“ das neue Jahrzehnt kräftig aufmischen sollte.
Die „Hamburg Days“ gehen fast so unspektakulär zu Ende, wie sie 1960 begonnen hatten. Ex-Beatle Stu Sutcliffe sorgt

für einen dramatischen Schlussakkord: Er stirbt am 10. April 1962 an einer Hirnblutung, wahrscheinlich Spätfolge einer Schlägerei in Liverpool mit einer verfeindeten Jugendgang.

1968 waren sie längst die berühmteste Band der Welt, da erschienen auf dieser LP frühe Aufnahmen aus Hamburg: die Beatles noch als Begleitband von „Twist-König“ Tony Sheridan.

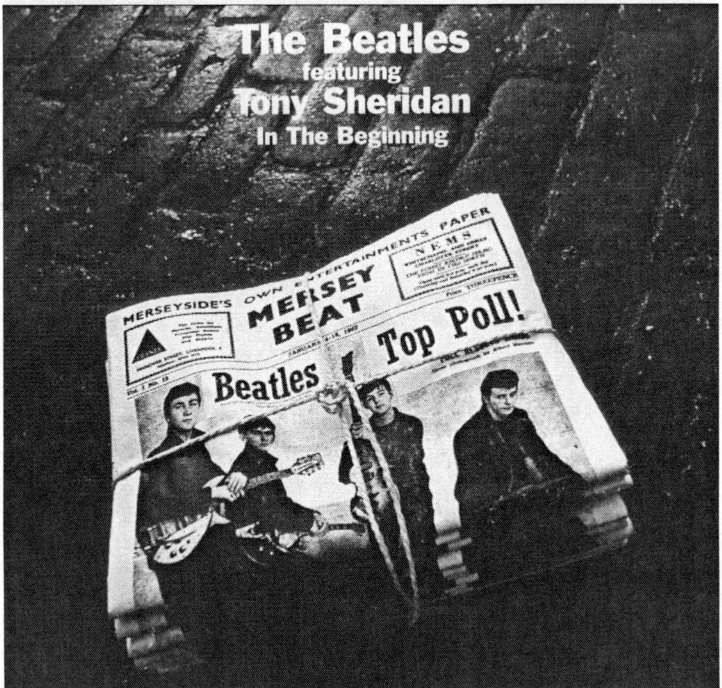

Pauline Sutcliffe, die Schwester von Stu, behauptet heute, ihr Bruder habe eine homosexuelle Affäre mit John Lennon gehabt. In einem Streit, in dem auch Eifersucht und Trunkenheit mitspielten, habe Lennon seinem Freund so heftig an den Kopf getreten, dass er an den Spätfolgen starb. Beweise dafür gibt es nicht.

Tony Sheridan, ein in Ehren ergrauter Rockstar, mit schütterem Haar und struppigem Bart, er hat in der „Szene" viel erlebt. Das macht weise. „Ich bin bis '64 in Hamburg geblieben, war dann ein paar Jahre wieder in England." Und danach? „Dann kam ein Angebot von der US-Army", lacht er gequält. „Ich bin nach Vietnam gegangen ... Zur Truppenbetreuung nach Vietnam."
Die Amerikaner kannten Sheridan. Seine Aufnahmen mit den Beatles waren im Frühjahr 1964 während der ersten Beatles-Tour in die US-Charts geschnellt. Sheridan winkt ab: „Was nach Hamburg kam, ist ein ganz anderes Kapitel."

Am 22. Juni 1961 standen die Beatles und Sheridan zum ersten Mal vor einem Aufnahmemikrofon in Hamburg. Vierzig Jahre danach, am 23. Juni 2001, stand Tony Sheridan mit neuer Band auf der Bühne des Stadttheaters Glauchau.
Was sie zusammen geboten haben, war solides Handwerk. So wie damals. Nicht mehr und nicht weniger.

## Zitate von John Lennon

*Wenn Affen Klavier spielen können, warum sollten Menschen nicht dazu singen?*
*John Lennon*

*Hinter jedem Idioten steht eine großartige Frau.*
*John Lennon*

*Ohne Jimmy Dean hätte es die Beatles nicht gegeben.*
*John Lennon*

# III.

## 22. November 1963 „He was A Friend Of Mine“ Der Präsidentenmord in Dallas

*„Wir alle haben in dem Blut, das durch unsere Adern fließt, exakt denselben Prozentsatz an Salz, wie er auch im Ozean existiert. Und deshalb haben wir Salz in unserem Blut, in unserem Schweiß, in unseren Tränen. Wir sind fest verbunden mit dem Ozean. Und wenn wir zurückgehen zur See, gehen wir dorthin zurück, von wo wir einst kamen.“*

*John F. Kennedy*

Freitag, 22. November 1963: Dallas/Texas. Es passiert das erste weltumspannende Verbrechen in diesem Jahrzehnt, in dem oft viel Liebe gepredigt, aber noch viel mehr Gewalt verübt wurde. Mauerbau und Kuba-Krise, damit fand man sich mehr oder weniger ab, nicht aber mit dem Tod einer Lichtgestalt. John Fitzgerald Kennedy, 35. Präsident der Vereinigten Staaten von Amerika, fällt einem Attentat zum Opfer. Er wurde von drei Schüssen getroffen, die während einer Wahlkampffahrt mit der offenen Limousine auf ihn abgefeuert wurden. Wer jenen Tag bewusst erlebt hat, wird ihn nie vergessen.

„Die Straßen sind gesäumt von Fernsehteams,
wo er sich bewegt, entstehen Nachrichten.
Aber heute ist alles anders, heute wird sich was verändern.
Heute mache ich die Aktion.
Ein Schnappschuss in das Licht.
Ich schieße in das Licht.“

Peter Gabriel, ehemaliger Frontmann von Genesis, sorgt 17 Jahre später mit einem Song über den Jahrhundert-Mord für Aufsehen. In „Family Snapshot“, von seinem dritten Solo-Album, wagt er ein fiktives Psychogramm des Einzeltäters.

„Vier Meilen von hier bewegt sich die Kolonne,
fährt weiter ins Sonnenlicht.
Wenn ich alles richtig gemacht habe, werden sie mich nicht sehen, mich und das Gewehr.
Noch zwei Meilen, sie kriechen die Straße entlang.
Unten auf der Straße ertönt Beifall.
Ich habe mein Radio dabei, höre alles, was passiert.
Ich werde auf sie warten.“

Gabriels Attentäter gehört zu keiner Verschwörung und handelt schon gar nicht politisch, sondern er ist ein kranker Geist, der einmal im Mittelpunkt stehen will.

„Ich werde euch aufwecken aus eurem langweiligen Film,
mich mit einem einzigen Lichtblitz in eure Erinnerung einbrennen.
Der Wagen des Gouverneurs biegt um die Ecke, davor fahren die Motorräder.
Ich wische mir den Schweiß von den Augen. Es ist eine Frage der Zeit, eine Frage des Willens.
Mein Atem stockt.
Immer war ich ein, einsamer stiller Junge, der sich hinter der Tür versteckte. Dort auf dem Flur hängt mein Spielzeuggewehr.
Mum und Dad, kommt doch zurück! Ich bin jetzt erwachsen geworden, brauche etwas Aufmerksamkeit.
Ich schieße in das Licht.“

Es ist das legitime Recht eines Künstlers, Fiktionen zu stricken. Gabriels Song ist eine künstlerische Variante, zumal er weder Kennedy noch den mutmaßlichen Attentäter Lee Harvey Oswald beim Namen nennt. Ein musikalischer Ausflug in ein krankes Hirn und – ganz nebenbei – ein Meisterwerk mit vielen Tempiwechseln, dramatischer Instrumentierung und Gabriels expressiver Stimme in der Rolle des Mörders. Die Brillanz des Albums wird jedoch von dem zornigen Klage-Nachruf „Biko“ übertönt, einem Anti-Apartheid-Song für den in Südafrika ermordeten schwarzen Studentenführer Steve Biko, der satte sieben Minuten dauert.

Gabriel hasst es, seine Musik zu erklären. Er hat sich nie über „Family Snapshot“ geäußert. Doch der als politisch links geltende Weltmusikverfechter dürfte wohl kaum an die Einzeltäter-Theorie glauben. Gabriel war 13 Jahre alt und lebte auf dem Land in der englischen Provinz, als die Kunde vom Kennedy-Mord nach Europa drang. Um 12.30 Uhr Dallas-Ortszeit fielen die Schüsse, eine halbe Stunde später starb Kennedy im „Parkland Hospital“.

Um 20 Uhr meldete Karlheinz Köpcke in der ARD-Tagesschau: „Die amerikanische Millionenstadt wirkt wie gelähmt. Die Menschen haben die Nachricht noch nicht erfasst. In diesen Augenblicken erscheinen die ersten Extra-Ausgaben der Zeitungen auf den Strassen. Viele New Yorker brechen in Tränen aus.“

Den Tränen nahe ist auch Willy Brandt, Regierender Bürgermeister von Westberlin. Er hatte Kennedy bei dessen triumphalem Berlin-Besuch im Juni begleitet, als dieser vom Balkon des Schöneberger Rathauses die historischen Worte rief: „Ich bin ein Berliner“, ein Solidaritätsgelöbnis an die westliche Freiheit und an die Bürger der seit zwei Jahren eingemauerten Stadthälfte.

„Eine gequälte Menschheit hat den Mann verloren, von dem so viele glaubten, er würde uns entscheidend voranhelfen können, auf dem Wege zum gerechten Frieden und zum besseren Leben in dieser Welt.“ Brandt spricht die Worte langsam, mit langen Pausen und betont jede Silbe eindringlich. „Aber gerade wir in Berlin trauern, weil wir unseren besten Freund verloren haben.“

**Die letzten zwei Worte drückt er in die Tiefe, verschluckt sie fast. Es klingt ein bisschen wie ein Bass – ganz leise – am Ende eines Requiems.**

Schockiert sind auch die Menschen auf der Straße. Eine Frau auf dem Kurfürstendamm sagt spontan in die Kamera, sie habe weinen müssen. Ein Mann murmelt konsterniert: „Das ist die traurigste Nachricht, die ich je gehört habe."
Unterdessen erleben die Amerikaner die Stunden nach dem Mord hautnah und dabei die erste Bewährungsprobe des Mediums Fernsehen im Fall einer nationalen Katastrophe. Zwei Moderatoren im Studio halten ständig den Telefonhörer am Ohr, um Blitzmeldungen sofort an die Zuschauer weiterzugeben. „Viele von uns denken heute an jenen Apriltag 1945, als Präsident Franklin Delano Roosevelt ..." Weiter kommt er nicht. „Entschuldige bitte, Chet", unterbricht ihn sein Kollege. „Aber ich bekomme hier gerade eine Blitzmeldung der Agentur Associated Press aus Dallas. Sie besagt, dass zwei Geistliche in Dallas behaupten, dass der Präsident seinen Schussverletzungen erlegen ist." Minuten später wird eine offizielle Erklärung des Weißen Hauses verlesen. „Ladies and Gentlemen, the President is dead. Let us pray!" – „Lasst uns beten!"
Im Bild festgehalten – jedoch nicht live gesendet – wird die Vereidigung von Vizepräsident Lyndon B. Johnson zum neuen Staatsoberhaupt unmittelbar nach Kennedys Tod. Am Abend endlich alles live dank einem Heer von Kamerateams auf dem Washingtoner Militärflughafen „Andrews Air Force Base". Nach der Ankunft der Präsidentenmaschine in der Hauptstadt wird der Sarg aus dem Flugzeug geladen.
Die Witwe Jacqueline Kennedy verlässt die Maschine. Die Frau kehrt all ihre Kraft nach außen, wirkt gefasst und trägt noch immer das blutbespritzte rosa Kleid. Sie steigt in den Wagen, in dem der Sarg mit ihrem toten Mann davongefahren wird, an ihrer Seite ihr Schwager, Justizminister Robert Kennedy.

Zwei Tage später sehen die Fernsehzuschauer live den Mord am mutmaßlichen Attentäter Lee Harvey Oswald, den die Polizei eine Stunde nach den Schüssen in der Elm Street verhaftet hatte. Der 24-jährige angebliche Kommunist soll vom Polizeipräsidium in ein Gefängnis überführt werden. Da löst sich aus dem Pulk der umstehenden Schaulustigen ein Schuss. Oswald ist auf der Stelle tot. Der Schütze Jack Ruby, ein Bordellbesitzer, sagt zum Tatmotiv, er habe Jacqueline Kennedy die Pein eines Zeugenauftritts in einem Gerichtsprozess ersparen wollen. Ob wahr oder nicht – Ruby nimmt sein Tatmotiv mit ins Grab, er stirbt 1967 im Gefängnis an Krebs.

Mit einem prophetischen Satz des Fernsehmoderators an die Zuschauer endet die Übertragung am 22. November:

**„Diesen Nachmittag, egal wo Sie waren, und was immer Sie gerade taten, werden Sie niemals vergessen. Der Moment, in dem Sie vom Tod Präsident Kennedys erfahren haben, bleibt für immer in Ihr Gedächtnis gebrannt."**

Ähnliche Sätze hören die Amerikaner 38 Jahre später erneut, nach den verheerenden Terroranschlägen vom 11. September 2001 in New York und Washington. Ein Beleg mehr für die globale Erstarrung im Anblick unfassbarer Gewalt, die buchstäblich aus heiterem Himmel kommt. Kennedy und der 11. September – die Menschen fragen sich allerorts: „Wo warst du, als es geschah?" Ganz instinktiv und nicht nur in Amerika.

Ein gewisser Brian Wilson, Songschreiber, Produzent, Arrangeur und Mitglied der Beach Boys, verbringt den Abend jenes 22. November mit seinem Cousin und Kollegen Mike Love im Büro der Plattenfirma „Capitol Records" in Los Angeles. Wilson ist ein schüchterner Typ von 21 Jahren, der schon als kleiner Junge besser Noten lesen als das Alphabet schreiben konnte. Vater Murray Wilson, der den Brüdern Brian, Carl und Dennis die Gründung der Beach Boys praktisch befohlen hatte, damit sein gescheiterter Traum von einer eigenen Gesangskarriere über die Söhne wahr wird, versteht keinen Spaß: Wer nicht spurt, bekommt Hiebe mit dem Ledergürtel. Brian, auf dem rechten Ohr taub, behauptet später, sein Vater habe ihn ständig darauf geschlagen, wodurch er sein Gehör verlor. „Weil mein Vater so grausam zu mir war, habe ich mich der Musik zugewendet. Sie war mein einziger Freund." – „Music was my only friend."

In seinem Zimmer verbringt der junge Brian Tage damit, Arrangements bekannter Schlager aus dem Radio aufzuschreiben, einfach so, nach Gehör. Der „Mozart des Pop", Jahrgang 1942, verkörpert bis heute den Inbegriff des Autodidakten in der Pop-Musik.

Im Dezember 1961 war die erste Single der Beach Boys erschienen, seitdem hatte sich die Gruppe vornehmlich im fröhlichen Surf Sound hochgearbeitet. An jenem schicksalsschweren Freitag schreiben Wilson und Love den Beach-Boys-Klassiker „The Warmth Of The Sun" – „Die Wärme der Sonne", ein trauriges Lied von warmer Atmosphäre unter unmittelbarem Eindruck des kalten Grauens:

„Was gut ist, ist getan,
ist ins Heute gewachsen.
Aber der Sonnenuntergang
hat heute Abend seinen üblichen Weg verlassen.
Die Wärme der Sonne nehme ich mit mir,
mit mir in die Nacht."

„Er war ein Freund von mir": Mit einem Song auf ihrer zweiten LP erinnerten die Byrds 1966 an den Kennedy-Mord.

Natürlich wird der ermordete Präsident nicht namentlich genannt. Scheinbar geht es um eine verflossene Liebe. Wilson und Love beteuern heute jedoch, Kennedy gemeint zu haben. Am direktesten jedoch formuliert drei Jahre später Roger McGuinn von den Byrds Trauer und Abscheu über den Tag von Dallas.

The Byrds waren zunächst eine Clubband in Los Angeles, deren musikalische Säulen Jim McGuinn – er nennt sich später Roger – und David Crosby anfangs Probleme hatten, ihre Gitarren zu beherrschen. Deshalb mussten professionelle Studiomusiker mithelfen, die erste Hitsingle einzuspielen, „Mister Tambourine Man“, die Coverversion eines Bob-Dylan-Songs. Sobald Crosby und McGuinn aber gemeinsam sangen, entstanden Harmonien, die sich mit Hilfe der anderen Byrds-Mitglieder als „amerikanische Antwort“ auf die Gesänge der Beatles verkaufen ließen. Das erkannten die Bosse ihrer Plattenfirma und vermarkteten die Byrds als neue Top-Band Amerikas. Gerechterweise sei gesagt, dass die Byrds – anders als heutige Boygroups aus dem Reagenzglas – ihre Instrumente bald vortrefflich beherrschten. Sie trieben ihren Gesang zu bestürzend schöner Perfektion, sie schufen Songs von Ewigkeitswert. Einer davon ist vielleicht „He Was A Friend Of Mine“ – „Er war ein Freund von mir“, geschrieben von Roger McGuinn im Sommer 1966, in Vorausschau auf den dritten Jahrestag des Attentats:

„Er war ein Freund von mir.
Sein Tod macht keinen Sinn, gibt keinen Zweck, macht keinen Reim.
Er war ein Freund von mir.
Er kam nach Dallas.
Der Schütze schoss aus dem Fenster im sechsten Stock.
Er starb in Dallas.
Er kannte meinen Namen nicht. Und ich bin ihm nie begegnet.
Aber trotzdem: Er war ein Freund von mir.“

Sein sehr persönliches Statement pflegt McGuinn bei Livekonzerten bebend, weinerlich vorzutragen. Die schleppende, verzögerte Melodie suggeriert einmal mehr die Sprachlosigkeit an jenem Novembertag.
Bei ihrem Auftritt auf dem Monterey-Festival – dem ersten Pop-Festival der Musikgeschichte – am 16. Juni 1967 in der kalifornischen Kleinstadt würzt Crosby den Song mit einer politisch delikaten Ansage, die für ihn mindestens genauso von Herzen kam, wie es für McGuinn sein Song gekommen war: „Wir möchten jetzt ein Lied bringen, über diesen Mann, der ein Freund von uns war. Um daran zu erinnern, dass er auf offener Straße niedergeschossen wurde. Und die nackte Tatsache ist, dass er von einer sehr professionellen Mannschaft auf offener Straße niedergeschossen wurde. Wundert euch das nicht ein wenig? Der Warren-Bericht sagt nicht die Wahrheit, das ist allen klar. Und es ist in unserem Land passiert. Fragt ihr euch nicht, warum?"
Crosby schüttete gleich zweifach Öl ins Feuer: Er unterstützte die unpopuläre Verschwörungs-These entgegen dem Songtext von McGuinn – vielen so genannten Patrioten war ein verwirrter Einzeltäter Oswald lieber – und er kritisierte die Arbeit der Warren-Kommission, eines von Präsident Johnson eingesetzten Untersuchungsausschusses von Senatoren, der Licht in das Dunkel des Attentats bringen sollte.
Nach der Anhörung von 552 Zeugen wurde die Kommission jedoch aufgelöst mit dem Ergebnis, dass Oswald doch der alleinige Attentäter gewesen sei.
Crosbys Mut hatte zur Folge, dass erstens der komplette Auftritt der Byrds aus dem „Monterey"-Kinofilm von Starregisseur D.A. Pennebaker ausgeschnitten wurde und dass zweitens er – Crosby – seinen Job bei der Gruppe verlor. So politisch-aktionistisch wollte McGuinn seinen Song dann doch nicht verstanden wissen. Er befürchtete einen Image-Schaden für seine Band. Außerdem lag er mit Crosby im Dauerclinch, weil

dieser mit Neil Young und Stephen Stills befreundet war und manchmal bei deren Band Buffalo Springfield mitjammte.
Vier Monate nach dem Auftritt in Monterey kam es zum rigiden Rausschmiss. Crosby:
„Roger und Chris (Hillman – L.S.) fuhren in ihren Porsches bei mir vor. Sie sagten, ich hätte nicht alle Tassen im Schrank, ich sei ein Egozentriker, schreibe schreckliche Lieder und klinge fürchterlich. Und überhaupt seien sie ohne mich viel besser. Ich anwortete ‚Okay, ist zwar Blech, aber okay!' Aber es war schon ein ziemlicher Schlag."
Das war am 9. November 1967. Immerhin muss sich McGuinns soziales Gewissen derart stark geregt haben, dass er Crosby eine gehörige Abfindung zahlte, von der sich dieser eine mittelprächtige Yacht leisten konnte. Crosby gründete mit seinen neuen Freunden später das magische Quartett „Crosby Stills Nash & Young".

# IV.

## 22. November 1963 – „Roll Over Beethoven“ Depressionen und Manie am selben Tag

*„In Winter 1963 – it felt like the world was freezed, with John F. Kennedy and The Beatles“*
*„Im Winter 1963 war es, als friere die Welt, mit John F. Kennedy und den Beatles.“*
*The Dream Academy „Life In A Northern Town“ (1985)*

Der 22. November ist ein seltsames Kreuzdatum zweier wichtiger Ereignisse. Eigentlich haben die Briten an jenem Tag angenehmere Sorgen als den Tod des US-Präsidenten auf der anderen Seite des Ozeans. Eigentlich. Denn die Beatles-Mania hat das öffentliche Leben erfasst, und nun kommt die zweite Langspielplatte der Fab Four („Fabelhaften Vier“) in die Läden. Sie heißt „With The Beatles“ und schießt von null auf Platz eins der britischen Album-Charts. Schon am frühen Morgen jenes Freitags bilden sich Schlangen vor den Geschäften. Die neue Platte verdrängt die im April veröffentlichte erste Beatles-Longplay „Please Please Me“ von der Spitze, die hatte sich sagenhafte 29 Wochen lang dort gehalten. Auf der neuen Scheibe zu finden sind 14 „frisch aufgenommene Titel – darunter viele todsichere Bühnenshow-Favoriten“ (offizieller Werbetext auf dem Plattencover“) – soll heißen: acht Beatles-Kompositionen und sechs Coverversionen, darunter eine mit programmatischem Inhalt, „Roll Over Beethoven“, im Original von Rock'n Roll-Legende Chuck Berry: „Beethoven und Tschaikowski – die waren gestern. Dies hier ist der Sound von heute.“ Und dieser Sound hatte voll eingeschlagen, die Singles „From Me To You“ und „She Loves You“ hatten im Sommer und Herbst im Sturmlauf die Charts erobert. Die britischen Inseln und Europas Festland schütteln sich in Hysterie. Noch aber sind die Beatles ein kontinental begrenztes Ereignis.

Wann genau die Beatles-Mania einsetzte, ist umstritten. Geprägt wurde dieser Begriff von englischen Boulevardzeitungen nach dem Auftritt der Gruppe in der damals beliebtesten Fernseh-Unterhaltungsreihe „Sunday Night At The London Palladium" am 13. Oktober. Die Beatles-Folge wurde von etwa 15 Millionen Briten gesehen. Zum ersten Mal bekam das große Publikum einen Eindruck von den hysterisch kreischenden Fans. Angeblich reichte das Tollhaus bis nach draußen vor das Theater, dem „Palladium" unweit der Oxford Street, wo Hunderte ekstatisch aufgeladene Gemüter sauer waren, dass sie nicht mehr ins Theater gelassen wurden, weil dasselbe ausverkauft war. Polizeisperren wurden durchbrochen und Fans jagten der Limousine nach, in der die Beatles nach ihrem Konzert davonrasten. Das alles ergab ideale Fotos für die Boulevardpresse, die den Begriff „Manie" am Tag darauf verwendete.

Zeitzeugen, die vor dem „Palladium" standen, behaupten später, die Menge sei wesentlich kleiner gewesen und die Hysterie sei durch einige Reporter künstlich geschürt worden. Wie auch immer, die Ekstase im Theater war spontan und echt, und am 4. November setzten die Beatles noch eins drauf. Nach einer Blitztournee durch Schweden zeigen sie sich bestgelaunt in ungestümer Spielwut bei der „Royal Variety Performance" im Londoner „Prince Of Wales Theatre".

Die jährliche Veranstaltung für die königliche Familie vereint traditionsgemäß Stars des britischen Showgeschäfts, wie damals Charlie Drake („Splish Splash") oder Tommy Steele („Singing The Blues"). Auch Gäste aus dem Ausland sind gern gesehen, Marlene Dietrich, die große Dame aus Hollywood, posiert am Rande der Veranstaltung mit den Beatles vor den Fotografen. Es scheint ihr zu gefallen. Sie, die später von sich sagt, sie sei zu Tode fotografiert worden. Im Publikum – in einer Ehrenloge – sitzen Beatles-Fan Prinzessin Margarete, Schwester von Königin Elisabeth, und die Königinmutter, die den Beatles-Auftritt äußerlich gelassen über sich ergehen lässt. Vier Songs spielen die Liverpooler mit neuem festen Wohnsitz London: „From Me To You", „She Loves You", „Till There Was You" und „Twist And Shout". Paul McCartney übernimmt fast alle Titel-Ansagen, hörbar nervös, er spricht hastig und gepresst. Nicht wesentlich ruhiger wirkt John Lennon, der mit seiner Ansage für „Twist And Shout" eine charmante Unverschämtheit loslässt:

**„Für unsere letzte Nummer bitten wir das Publikum um Unterstützung. Die Leute auf den billigen Plätzen dürfen mitklatschen, der Rest mit den Juwelen rasseln."**

Schneller Schwenk der Fernsehkamera auf die königliche Loge, die Prinzessin findet's wirklich lustig, die Queen Mum lächelt leicht überrumpelt, findet aber sofort ihre Fassung wieder. Proletarische Verbalanarchie, freilich ohne ernste Aneck-Absicht, sie trifft auf ein mimisches Bollwerk royalistischer Erhabenheit. Das ist die Situation, über die ganz England am nächsten Tag sprechen wird. Nicht darüber, dass Lennons Filou-Streich sorgfältig geplant war. Moderator Dickie Henderson findet nach „Twist And Shout" auf der Bühne die passenden Worte: „Das waren die Beatles. So jung, so erfolgreich und so beängstigend."

Im gleichen Monat noch geben die Beatles mehrere Konzerte in Paris. Die Franzosen sind nicht ganz so euphorisch wie das englische Publikum, bei den Konzerten kommt noch richtig Musik rüber. Bei einem Bankett in ihrem Hotel erfahren sie, dass „I Want To Hold Your Hand" die Spitze der amerikanischen Single-Charts erklommen hat.

Jetzt scheint der Weg geebnet, auch das musikalische Publikum der USA für sich zu gewinnen, für Manager Brian Epstein die größte Herausforderung. Schon Mitte des Jahres war

Epstein mehrfach in die Staaten gereist und hatte sich um Plattenverträge bemüht. Aber die Gesellschaft „Capitol" – amerikanische Schwester der britischen EMI – wurde zunächst nicht mürbe.
Ein paar kleine Labels veröffentlichten zwei Singles, die jedoch mangels Werbeetat floppten und unbeachtet in den Regalen verstaubten.
Erst als Showmaster Ed Sullivan – Amerikas erfolgreichster und humorlosester Moderator – zu Besuch nach England kam und die Beatles im Fernsehen sah, gelangte der wichtige Funke Begeisterung nach New York und Washington.
Nachdenklich geworden vom überwältigenden Erfolg in Europa gaben die Bosse von „Capitol" endlich grünes Licht und veröffentlichten „I Want To Hold Your Hand". Paul McCartney meint später selbstbewusst:
„Wir hatten zur Bedingung gemacht, dass wir erst nach Amerika fliegen, wenn wir dort eine Nummer 1 gelandet haben!"
Aber nichts soll dem Zufall überlassen werden, eine generalstabsmäßig geplante Kampagne soll Amerika ins Beatles-Fieber stürzen. Hunderttausende Plakate „Die Beatles kommen!" werden gedruckt und im ganzen Land verklebt. Keine Konzerttournee soll den Auftakt der „britischen Invasion" bilden, sondern ein, nein, zwei Auftritte in der populärsten Musikshow des Fernsehens, in der Show von Mister Sullivan. Dort war Elvis Presley 1956 bereits über Nacht zum Superstar avanciert.
Am 7. Februar 1964 begeben sich die Beatles auf ihren ersten Flug ins Entertainment-Haifischbecken Amerika. Auf dem Londoner Flughafen Heathrow werden sie von Fans und Journalisten verabschiedet wie Staatsmänner, die zu einer Konferenz reisen, auf der es um Krieg oder Frieden geht. Ihre letzte Handlung auf britischem Boden ist eine Pressekonferenz abzuhalten. Ihre erste Handlung auf amerikanischem Boden ist – eine Pressekonferenz abzuhalten, noch auf dem Flughafen, im Terminal:

| | |
|---|---|
| Frage: | „Würdet ihr bitte etwas für uns singen?“ |
| John Lennon: | „Nein, wir brauchen zuerst Geld.“ |
| Frage: | „Wann geht ihr wieder zum Friseur?“ |
| Antwort Beatles: | „Wir waren erst gestern dort, Ihr hättet uns vorher sehen sollen.“ |
| Frage: | „Sind die Frisuren eigentlich echt oder tragt ihr Perücken?“ |
| Lennon: | „Nein, wir haben in Wahrheit Glatzen und taubstumm sind wir auch.“ |
| Frage: | „Wie erklärt ihr euch euren riesigen Erfolg?“ |
| Lennon: | „Wenn wir das wüssten, wären wir Manager geworden.“ |
| Frage: | „Was haltet ihr von Beethoven?“ |
| Antwort Ringo: | „Ich mag ihn, vor allem seine Gedichte. – Diesen Gag bringe ich jedesmal.“ |

Das war damals neu, ein so respektloser und zugleich netter Umgang mit der Journaille. Manager Epstein erwies sich bei Pressekonferenzen als sicherer Dirigent. Seine Richtlinie für die Beatles war klar: Humor grenzenlos, aber korrekter Umgangston und bitte keine Politik! Die Journalisten spielten dieses Spiel vergnügt mit, weil sie – so John Lennon, „umsonst saufen, bumsen und Spaß haben wollen. Wer hätte denn ein Interesse daran, uns bloßzustellen?“
Lennon meinte damit jenen Pressetross, der sich bei jeder Tournee den Beatles an die Fersen heftete, sie auf Schritt und Tritt begleitete und von Epstein und seinen Pressesprechern mit gefilterten Informationen gefüttert wurden, die das Bild der „netten Jungs“ bewahrten.
So auch am 7. Februar. Eine Kolonne von Fahrzeugen wälzt sich durch die Straßen bis zum Plaza Hotel am Central Park in Manhattan. Auch der BBC-Hörfunk in London überträgt live: „Vier, nein fünf Cadillac-Limousinen sind jetzt vorgefahren. Keine Chance für Reporter oder Fotografen in diesem Gewirr von

Menschen vor dem Hotel. Schon vorhin am Flughafen, an der Gangway, waren die Teenager absolut wild." So also heißt New York die Beatles willkommen. „Die New Yorker sind ohne Zweifel mit der Beatles-Mania infiziert", berichtet via Telefonschaltung der Korrespondent Malcolm Davis.
„Einfach fantastisch!", plappert McCartney durchs Hotel-Telefon nach London, als ihn von dort aus Brian Matthew für die Radiosendung „Saturday Club" interviewt. Stolz erzählt Paul, sie werden ihre großen Idole treffen:
Die Isley Brothers, Ronettes, Smokey Robinson And The Miracles. George Harrison grüßt artig die Fans daheim, Ringo schwärmt von den großen Autos, „die hier überall herumfahren", und John hat eine eher nüchterne Einschätzung parat: „Alles Wilde hier!"
Stunden zuvor hatten Tausende schreiender Kids die Vier auf dem Kennedy-Airport empfangen – die gleichen Szenen wie in England. Der Zeitpunkt war günstig gewählt worden, denn die Schulferien hatten angefangen und alle Teenies genügend Zeit. Bis heute halten sich aber Gerüchte, die Plattenfirma „Capitol" habe den Massenauflauf fleißig mitorganisiert, damit Gedanken an einen Misserfolg mit den vier Youngsters aus Liverpool gar nicht erst aufkamen.
Wenn das stimmte, hatte sich der Aufwand gelohnt, denn den Auftritt der Vier am 9. Februar in der Ed Sullivan Show sehen 73 Millionen Zuschauer, eine neue Rekordeinschaltquote für das Fernsehen. Nicht nur Beatles-Fans sehen zu, auch Amerikas Ganoven.

**In den Großstädten geht die Zahl verübter Verbrechen für die Dauer der Sendung schlagartig zurück.**

Mister Sullivan hat unterdessen sichtlich Mühe, das entbändigte Publikum zu beruhigen. „Seid jetzt endlich still!", schimpft der Mann, der niemals lachte, jedenfalls nicht öffentlich. Immer sachlich distanziert, freilich freundlich, nicht jedoch herzlich wirkt der 62-jährige mit dem pomadigen, glatten Haar.

Frederick Edward Sullivan hatte 1932 beim New Yorker Radiosender CBS in der Unterhaltungsredaktion angefangen, seinen ersten Kontakt mit elektronischen Medien hatte er kurz nach seinem 29. Geburtstag.
Vor seiner Radio-Zeit hatte Sullivan Sportkommentare geschrieben, für das „Journal American", einen Blatt des Pressezaren William Randolph Hearst, auch hatte er sich in Hollywood als Drehbuchautor versucht.
Er moderierte Radiosendungen, wurde rasch beliebt und berühmt. Seine markige Stimme machte ihn unverwechselbar und so landete er 1947 folgerichtig im noch jungen Medium Fernsehen, als Moderator der wöchentlichen Show „Toast of the Town", die bald umbenannt wurde in „Ed Sullivan Show". Immer am Sonntagabend präsentierte er das Neueste aus Musik und Entertainment. Nahezu endlos ist die Riege jener Stars, die zu ihm in die Show kamen: Judy Garland, Bing Crosby, Louis Armstrong und so weiter. 1956 kam

Am Tag, als Kennedy gewaltsam starb, erschien in England die zweite Beatles-LP. Schon morgens standen die Käufer in langen Schlangen vor den Geschäften. Das berühmte Schwarz-Weiß-Foto von Robert Freeman lobt Paul McCartney heute als „eine der besten Aufnahmen von uns." Freeman, damals einer der bekanntesten Pop-Fotografen in London, begleitete die Beatles in ihren frühen Jahren fast ständig mit seiner Kamera.

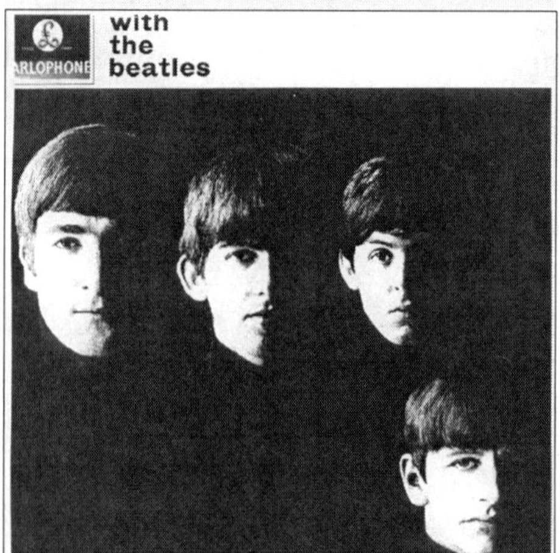

es zum Tabu-Bruch, ein Jungstar namens Elvis Presley trat auf. Wegen seiner kreisenden Hüftbewegungen, im prüden Nachkriegs-Amerika als obszön verpönt, filmten die Kameras Elvis nur von der Hüfte an aufwärts, trotzdem oder gerade deshalb sprach die ganze Nation am nächsten Tag über Elvis.

Acht Jahre später erlebt Mister Sullivan nun seine Sternstunde mit den Beatles. Und obwohl der Mann mit seiner steifen Ansprechhaltung stockkonservativ wirkt – lodert in seinem Blick nicht auch der durchdringende Glaube an die ewige Größe der Nation? – Er scheint musikalisch an den Fortschritt zu glauben: in den Folgejahren kommen sämtliche Pop-Größen in die Show, die Rolling Stones, Doors, Byrds oder Joe Cocker, also zum Teil waschechter Underground.
Am 6. Juni 1971 läuft die letzte Folge. Drei Jahre später stirbt der beliebteste Show-Master der USA. Das Fernsehstudio 50 der CBS in Manhattan, wo die Show aufgezeichnet wurde, heißt heute längst „Ed Sullivan Theatre", wo inzwischen unter anderem die „Tonight Show" mit David Letterman produziert wird.
Eine Woche nach dem Rekord-Quoten-Auftritt der Beatles kommen sie nochmals in die Show. Diesmal meldet sich Sullivan live aus Miami Beach. Zum ersten Mal in ihrem Leben erleben die Jungs aus Liverpool südliche Sonne und sehen wildwachsende Palmen in freier Natur.
Der Triumphzug der Beatles durch die USA ist ein Fanal, jetzt springt der Funke um die ganze Welt und entfacht einen Feuersturm von Hingabe für Musik und Erscheinungsbild der Jungs vom Mersey River.
Australien, Neuseeland, wieder Amerika, später Japan und die Philippinen. Doch ganz allmählich hört für sie der Spaß daran auf. „Jeden Tag hatten wir ein anderes Publikum, aber wir spielten immer das Gleiche", resümiert später George Harrison. „Wir verfielen in einen Trott, wir sausten nur noch um die Welt."

John Lennon sagte über diese Jahre: „Klar, mir gefiel das alles: Ruhm, Macht, Geld und das Spielen vor großem Publikum. Die Eroberung Amerikas war das Beste."
Für die Amerikaner lässt sich das Phänomen „Beatles-Mania" leicht erklären: Neue Leitbilder am Pop-Himmel, nachdem die Erscheinung Elvis auf Mittelmaß geschrumpft und zu einer Art Idol für Hausfrauen ab fünfunddreißig geworden war. Außerdem – waren die Vier mit ihrem Einheitslook und den Mopp-Top-Frisuren nicht so niedlich wie die Figuren von Walt Disney? Ganze Heerscharen von Psychologen zerbrechen sich die Köpfe, was geht vor in den Hirnen kreischender Teenager auf Beatles-Konzerten?

Traditionspflege in London: Im „Beatles Store" in der Baker Street gibt es heute Kunst, Kitsch und Krempel rund um die Fab Four zu kaufen. Gleich nebenan befindet sich ein „Elvis Shop".

Antwort: So gut wie nichts. Denn der Kopf, im Sinne von Verstand, setzt aus. Die Ekstase vollzieht sich in Bauch und Unterleib, im Blut. Ein explosiver Gefühlscocktail aus Freiheitsrausch, Selbstfindung, Rhythmus, Gruppenidentität und purer Lust rast durch die Körper. Dieses massenpsychologische Phänomen, genannt „Beatles-Mania", war das auffälligste globale Ereignis 1964. Die Welt war jetzt „with the Beatles".

Musik und Mode: Diese teilweise kragenlosen Jackets trugen die Beatles 1964 in ihrem ersten Spielfilm „A Hard Day's Night". Sie sind heute zu besichtigen im Wachsfigurenkabinett „Rock Circus".

# V.

## 12. Juli 1962: „Time Is On My Side“ Ein Stein gerät ins Rollen

*„Es ist ein Wahnsinnsgefühl, sich zum Affen zu machen. Selbst wenn nur 20 Leute da sind.“*

*Mick Jagger*

Keith Richards war eigentlich schon immer ein hässlicher Junge mit abstehenden Ohren, mürrisch, unnahbar, in sich gekehrt. Mick Jagger war auch nicht eigentlich schön. Aber er glaubte es zu sein. Und er glaubt es noch heute. Micks Darstellungskunst resultiert aus einer bipolaren Genetik: Sein Vater war Sportlehrer mit Leib und Seele und schrieb sogar ein in England gefragtes Fachbuch über seinen Job. Seine Mutter arbeitete als Vertreterin für Kosmetikartikel, ihr Job war es, den Leuten zu erklären, was sie tun müssen, um schön auszusehen. Unbändiger Bewegungsdrang erfordert Fitness, also sportliches Verständnis, den Wunsch sich auszutoben – die eine Seite des Mick Jagger, die andere ist sein arroganter Glaube, schön zu sein. In dem kleinen Ort Dartford bei London keimte diese eine, wichtige Zutat für den Rock-Zirkus der Rolling Stones.
Phillip Michael Jagger war ein intelligenter Bursche. Die Schule schien ein Kinderspiel zu sein, in den Pausen parodierte er die Lehrer, beängstigend echt, wie sich Zeitzeugen erinnern. „Er wollte immer der Mittelpunkt sein“, erinnert sich sein Schulfreund Keith. Die beiden begegnen sich zum ersten Mal auf der Grundschule, sie sind sieben und besuchen dieselbe Klasse. Zum Spaß fragt Jagger seinen Banknachbarn, was er denn mal werden wolle.
„Cowboy“, antworte dieser, „ein Cowboy mit Lasso und Gitarre.“ Ein Berufswunsch, der nach Abenteuer und Muse gleichermaßen schreit. „Er verkleidete sich oft als Cowboy und

trug einen Hut, unter dem seine großen Ohren hervorragten", weiß Mick Jagger zu berichten. Sie kannten sich, aber dicke Freunde wurden sie nicht. Sie verloren sich aus den Augen.

Keith Richards war in einer musikalischen Familie aufgewachsen. Sein Großvater Gus Dupree spielte Gitarre, Geige und Klavier. Um sein Einkommen als Bäcker aufzubessern, spielte er in einer Jazzband. Gus hatte sechs schöne Töchter, die allesamt Talent besaßen. Sie wollten Sängerinnen oder Filmstars werden. Sie spielten verschiedenste Instrumente. Der kleine „Ricky" wurde gehätschelt und getätschelt, was ihn langfristig konfliktscheu machte. Von den anderen Jungen wurde er gehänselt, vor allem wegen seiner Ohren, und so ging Keith oft mit eingezogenem Kopf und gesenktem Blick durch die Straßen. Nur nicht aufmucken. Schade. Einsam war er schon, auch introvertiert, auch musisch begabt, jetzt fehlte nur noch das „Lasso", die Rolle des Rächers, dann würde Keith den perfekten Cowboy geben!
Wegen seiner schlechten Schulnoten wurde er aufs Technical College von Dartford geschickt. Dort sollten leistungsschwache Schüler verstärkt handwerkliche Fähigkeiten erlernen. Aber auch hier zeigte der seltsame Junge wenig bis kein Interesse und musste schließlich ein Schuljahr wiederholen, was ihn besonders nervte.

Die Kette der Misserfolge wurde unterbrochen durch königliche Hand, wenn auch nicht gewollt.

**Oft verwaltet der Zufall das knappe, zu vergebende Glück im Leben der Menschen, so auch bei Keith Richards.**

Seit Jahren sang er im Schulchor. Den Lehrern waren sein Gespür für Harmonien und seine schöne Stimme aufgefallen. Mit zehn Jahren war er einer der besten Chorknaben von London.

Der Chor gewann mehrere Wettbewerbe und so durften Keith und drei weitere Auserwählte bei den Krönungsfeierlichkeiten der neuen Königin auftreten. Während Queen Elizabeth von 7.000 Gardisten zur Westminster Abtei eskortiert wurde, schmetterten im Inneren des sakralen Baudenkmals die Chorjungen weihevolle Lieder zum Schutz der Königin durch Gott. Fernsehkameras übertrugen das Geschehen erstmals live, es war der erste „Fernsehauftritt" für Keith Richards.
Danach schlug das Unglück zurück: Keith kam mit 13 Jahren in den Stimmbruch.

Unterdessen arbeitete Mick Jagger unverdrossen an sich selbst. Er absolvierte spielend das Gymnasium und gründete mit seinem Kumpel Dick Taylor eine erste Band. Auch Mick Jagger hatte als Kind seinen ersten bescheidenen Fernsehauftritt. Getrieben von Selbstdarstellungsdrang, hat er ihn genossen. Der ambitionierte Sportsmann Joe Jagger nahm seine zwei Söhne Chris und Michael mit in die TV-Serie „Seeing Sports", in der für Sportarten und sportliche Betätigung geworben wurde. Es war Michaels Geburtsstunde im Showgeschäft.
Natürlich wurden Mick und Keith vom Rock'n Roll-Virus infiziert, jeder auf seine Weise. Mick und Kumpel Dick gingen zu Buddy Holly, als der in London auftrat. Der schlaksige Texaner mit rosigem Lollipop-Gesicht und dicker Verlegenheits-Brille hinterließ zwar musikalisch seine Wirkung, wirklich angetan war Jagger jedoch vom Gebaren eines Elvis Presley und Gene Vincent, die er im Kino gesehen hatte.
„Das kann ich auch", sagte er sich und legte los. Bei Privatauftritten seiner Amateurband rollte Mick die Augen, kreiste mit den Hüften und inszenierte ganz bewusst seine dicken, süffisanten Lippen, alles sehr zum Gefallen von Dick Taylors Mutter, die ein Auge auf den Jüngling geworfen hatte und sich deshalb nie – wie andere Mütter – über den Lärm im Haus beklagte.

Ganz nebenbei – denn im Mittelpunkt standen Musik und die Fantasiebeflügelung der Damenwelt – lernte er an der London School of Economics, wo er ein Stipendium bekommen hatte. Deren Absolventen bekamen für gewöhnlich hohe Posten in der britischen Wirtschaft. Doch Jaggers Semester sollten sich auf andere Weise bezahlt machen, keiner hat den späteren Erfolg der Rolling Stones so berechnet und als wirtschaftliche Größe betrachtet wie er selbst.

Um von Dartford nach London zu gelangen, nahm Mick den Pendlerzug bis zum Bahnhof Victoria Station. Es war ein Oktobertag 1960. „Na, wohin geht's?", fragte er charmant, als er seinen alten Schulkameraden wiedertraf. Beide rollten Richtung London und vielleicht wäre die Begegnung nicht so folgenschwer verlaufen, hätte Mick nicht fünf bluesgetränkte Langspielplatten dabei gehabt, von Muddy Waters, Chuck Berry und Little Walter. Alles amerikanische Originale. Er hatte sie direkt bei der Plattenfirma in Chicago bestellt, welche ihm nach vorheriger schriftlicher Anfrage freundlicherweise einen Katalog geschickt hatte.
Keith war begeistert, aber „ich hatte Angst, dass er die Notbremse greifen konnte, bevor ich ihm die Platten klauen konnte." So blieb es beim freundschaftlichen Borgen, „The Best Of Muddy Waters" nahm Keith sofort als Leihgabe mit nach Hause.
Von nun an verband die zwei eine musikalische Interessengemeinschaft und der Wille zum Erfolg. Mit einer Rock'n Roll Band groß rauszukommen, schien vor allem für Mick ein erstrebenswertes Ziel. Keith spielte ab sofort Gitarre in seiner Band, das ging so eineinhalb Jahre, ohne dass weiter viel geschah. Erst an einem Frühlingstag 1962 sollte sich ihr Schicksal schleichend unscheinbar verändern, mit Folgen, die bis heute dauern.
„Gehen wir in diesen Club?", fragte Mick, und Keith Richards und Dick Taylor gingen mit. Der „Ealing Club" am Ende einer U-Bahnstation war ein schäbiges Gemäuer, zu dem eine

nach Urin riechende Treppe hinabführte. Atmen konnte man kaum in diesem Verlies, das einer Tropfsteinhöhle glich, dafür aber gut schwitzen. Ein Übriges zur Hitze tat die Musik – Blues, Blues und nochmals Blues. Alexis Korner trat auf, mit seiner Band Blues Incorporated. Korner, Jahrgang 1928. Er war der erste professionelle weiße Bluesmusiker und er hatte ein multikulturelles Ego. Er war in Paris zur Welt gekommen als Sohn eines Offiziers aus Österreich und einer Engländerin, wuchs auf in verschiedenen Ländern Europas, sprach fließend mehrere Sprachen, darunter auch Deutsch, und hatte ein untrügliches Gespür für musikalische Talente.
Ein blonder Lebegern aus dem vornehmen Seebad Cheltenham war in seiner Band die Attraktion: Brian Jones war gerade 20 geworden, mit 16 von der Schule geflogen wegen der Affäre mit einer Vierzehnjährigen. Jones hatte schon drei uneheliche Kinder auf der Wildbahn und verstand es auch sonst zu leben, er soff gern und probierte Drogen. Auf der Bühne erblühte er als Schöngeist. Er spielte Klavier, Saxophon, Xylophon und Gitarre, wobei ihn ein mystisches Charisma umgab. Er war gleichermaßen „schwarzer Ritter" und Romantiker und vor allem nicht zu übertreffender Meister aller Instrumente. Mit durchdringendem Blick – später sein Markenzeichen auf Plattencovern – fixierte er sein Publikum und ließ die Slide-Gitarre jaulen. Korner wusste, aus dem wird noch was! Und Jones selbst wusste es auch: „Ich werde berühmt", soll er gesagt haben, „aber vielleicht werde ich nicht dreißig." Er sollte Recht behalten.

Mick, Dick und Keith waren begeistert und sprachen nach der Vorstellung mit Brian. Dieser 24. März war die eigentliche Geburtsstunde der Rolling Stones, doch erst am 12. Juli wurde – aus einer Verlegenheit heraus – der Bandname erfunden. Korner durfte mit fünf Musikern – so viel bestimmte das Budget der Sendeanstalt – in der BBC-Radiosendung „Jazz

Club“ auftreten. Gleichzeitig war jedoch ein Termin im „Marquee Club“ in der Oxford Street anberaumt. Brian, Keith, Mick und Dick sowie der später als „Stone im Hintergrund“ bekannte Pianist Ian Stewart meldeten sich freiwillig – für den Clubauftritt.

Korner hatte genug andere Musiker, die er ins Rundfunkstudio mitnehmen konnte. Der Clubbesitzer mahnte Bandchef Brian Jones, er brauche einen Gruppennamen für die Werbeanzeigen. Brian ging einen Moment lang in sich und dachte an Muddy Waters, sein Idol und dessen Blueshymne „Manish Boy“ mit der Textzeile „I'm a Rollin' Stone“ – „Ich bin ein rollender Stein“, in den Staaten Ausdruck für Leute ohne festen Wohnsitz.

„The Rollin` Stones“ hielt Brian für geeignet, und so spielte die Band unter diesem Namen an jenem Donnerstagabend im „Marquee“ vom hämmernden Klavier bestimmten Rhythm and Blues. Der disziplinierte Auftritt war der Anfang einer Brandspur von Anarchie und Revolte, die bald das ganze Land, den Kontinent, die ganze Welt durchziehen sollte –

„Ladies and Gentlemen, the Rolling Stones!“

# VI.

## 15. September 1965: „This could be the last time“ Steine des Anstoßes in Berlin

*„Es sind 54 Damenhöschen aufgelesen worden, 80 Schuhe wurden eingesammelt und 65 Büstenhalter. Ich weiß, was da alles lag.“*
*Konzertveranstalter Karl Buchmann*

Andrew Oldham war gerade 19 und arbeitete im Pressestab der Beatles. Er war jung, wild und geschäftstüchtig. Er strebte nach Höherem. Er sah die Rolling Stones 1963 und bot sich ihnen als Manager an – mit einer fabelhaften Idee: „Wir machen aus euch genau das Gegenteil dieser netten, sauberen, ordentlichen Beatles! Lasst euch die Haare lang wachsen, länger als die Beatles, tragt betont legere Klamotten, seht unordentlich aus!“
Das Böse-Buben-Image – nichts weiter als Marktstrategie, mit freilich gewaltigem Erfolg, begann und funktionierte ab 1963. Das schnoddrige Image der fünf Musiker übertrug sich auf das Publikum, das sich in ungehemmter Ekstase gehen ließ.

**Endeten Beatles-Konzerte in sehnsuchtsvoller Ohnmacht, dann explodierte mit den Stones revolutionäre Energie.**

Prototypisch für diese Stimmung ist ihr legendärer Auftritt in der Westberliner Waldbühne im September 1965. Lange hatten deutsche Veranstalter gezögert, englische Beat-Bands ins Land zu holen. Doch jetzt schrie die Seele des jungen, zahlungskräftigen Publikums danach.
Gerade belegten sie Platz 1 der Verkaufshitparade mit „Satisfaction“, Monate vorher, im Frühjahr, hatten sie das rifflastige „The Last Time“ an die Spitze der Charts katapultiert. Das tönte und dröhnte zwischen Roy Black und Peggy March und natürlich den Beatles!

Es gab kein Zurück. Und so kamen die Stones in die Bundesrepublik, für sechs kurze oder lange Tage, je nach Sympathie. Nach einem friedlich verlaufenden Konzert in Hamburg erreichten sie die geteilte Stadt. „Ein Riesenaufgebot von Journalisten, Film-, Funk – und Fotoreportern, Kameramännern und Tontechnikern erwartete heute am Nachmittag auf dem Flughafen Tegel das Eintreffen der Rolling Stones", berichtete die „Berliner Abendschau" im SFB.
„Aber es blieb entgegen manchen Befürchtungen bürgerlich ruhig und gesittet, als die fünf Londoner Beat-Band-Barden die Gangway herunterschritten und in bereitgestellten PKWs Platz nahmen. Es gab nur wenige ekstatische Gebärden, keinen Krawall, keine Ohnmachten. Und so konnten die Verantwortlichen der Polizei erleichtert feststellen, dass der Stein des Anstoßes nicht ins Rollen gekommen war."
Den brachten die Ordnungshüter selbst ins Rollen. Karl Buchmann, der die erste Deutschland-Tour als Impresario betreute, berichtet von berittener Polizei, die nachmittags gegen 17 Uhr die Waldbühne aufsuchte, um das „Hausrecht der britischen Besatzungszone" durchzusetzen.
„Der Oberste kam auf mich zu und sagte, ‚Herr Buchmann, ich weiß, Sie sind der Tourneeleiter. Aber das gilt nur bei Ihnen im Westen. Wir sind hier in Berlin, betrachten Sie uns ab sofort als Veranstalter.'"
Zum ruhefördernden Konzept der Einsatz- und selbsternannten neuen Konzertleitung gehörte, keine Zugaben zuzulassen. Mick Jagger war in Hochform – und in Deutschland! Im Stechschritt stolzierte er die Bühne entlang und hob den Arm zu Hitlergruß ähnlichen Posen. Das ging gut, bis 22.15 Uhr. Bis zu „Satisfaction", dem letzten Titel des offiziellen Sets ... Danach wurde der Ton abgedreht, sehr zum Unmut des gereizten Publikums: We can't get no Satisfaction! Jagger kam erneut auf die Bühne, die anderen Stones gingen an ihre Instrumente, in jenem Moment versagte auch das Bühnenlicht.

In völliger Dunkelheit nahm der Aufstand gegen unschuldige Holzbänke seinen Lauf: „21.000 Menschen in der Waldbühne, die wie ein Pulverfass explodierte, verfielen der Massenpsychose. Aufgepeitscht von hämmernden Rhythmen wussten sie nicht mehr, was sie taten'", berichtete die Berliner Abendschau am nächsten Tag. „Bis zum Auftritt der Rolling Stones konnte die Bühne durch Ordnerkräfte freigehalten werden. Dann aber wurden die Ordner überlaufen, die Bühne gestürmt, Polizeikräfte mussten eingreifen. Ein lebensgefährliches Gedränge entstand, kreischende und johlende Jugendliche, die zum Teil unter starkem Alkoholeinfluss standen, vollführten einen Höllenlärm."
Die so apokalyptisch beschriebenen Vorgänge fanden ihren Höhepunkt im Herausreißen der für vandalistische Zwecke bestens geeigneten Holzbänke. Die an beiden Enden festmontierten Bretter erwiesen sich als nur bedingt biegsam und stark zerbrechlich, wenn man nur ordentlich darauf herumwippte. „Während und nach dem Auftritt der Beat-Band feierte die Zerstörungswut hemmungloser Jugendlicher wahre Triumphe. Sie zerstörten Sitzbänke, überrannten Zäune, stießen Laternen um."
Am Bericht der „Abendschau" fällt auf, dass immer wieder „Jugendliche" als Zerstörer, Randalier genannt werden. Fast genüsslich wird das Wort verallgemeinert. Noch nie zuvor hatte jene Zielgruppe in der Tagespublizistik Westberlins soviel Aufmerksamkeit genossen! Complete Satisfaction!
Die Bilanz jenes denkwürdigen Konzertabends: 73 Verletzte und 276.000 Mark Sachschaden.

**Die Waldbühne wurde wieder aufgebaut, originalgetreu. Noch heute ist die Sitzarchitektur in dem malerischen Open-Air-Rondell unverändert.**

Randale dieser Art erlebte die Spielstätte jedoch bis heute nicht mehr, auch nicht beim nächsten Stones-Konzert im Juni 1982.

Steine des Anstoßes: Im Herbst 1965, als das Spektakel in der Waldbühne tobte, „rollte" die dritte Langspielplatte der Stones bis auf Platz 2 der deutschen Album-Hitparade.

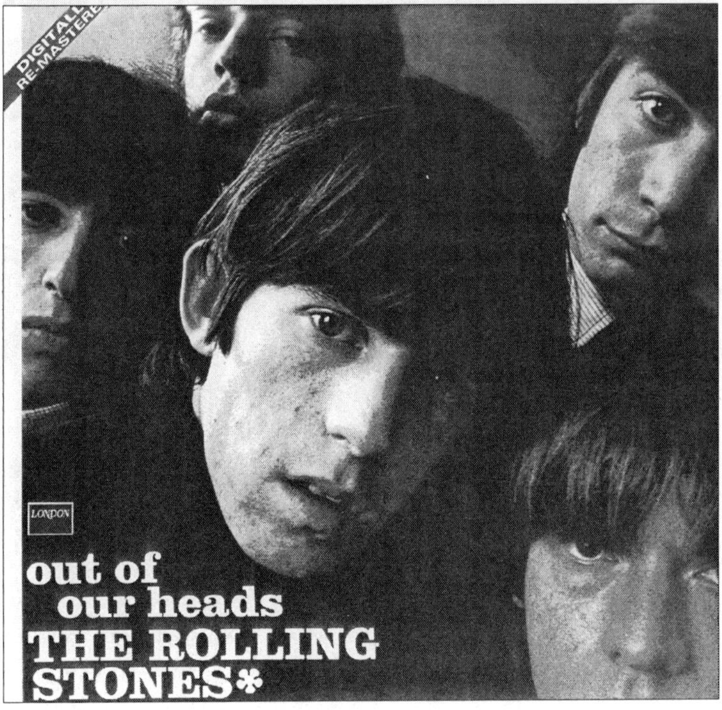

# VII.

## „Beatgruppen müssen wieder spielen!" Leipzig am 31. Oktober 1965

*„Beatgruppen müssen wieder spielen! Setzt euch dafür ein. Die Polizei ist machtlos."*

*Anonymes Flugblatt in Leipzig, Herbst 1965*

*„Zettel mit Kaltzellleim geklebt. Leim noch nass."*

*Aus dem Bericht der Leipziger Kriminalpolizei*

Im Clara-Zetkin-Park von Leipzig, am westlichen Rand der Innenstadt, steht noch heute ein kleiner Pavillon, älteren Einheimischen bekannt als „Musikpavillon". Seit langem steht das Bauwerk ungenutzt, der Zahn der Zeit hat daran genagt. In den fünfziger Jahren erquickten dort meist brave Männerchöre die Herzen lustwandelnder Spaziergänger. Gepflegte Muse am Sonntagmittag. Doch eines Tages vernahmen die Nahausflügler ganz andere Töne aus dem Pavillon. An einem kalten Märztag 1958, „so kalt, dass wir uns zwischendurch die Pfoten reiben mussten", spielte dort zum ersten Mal die Klaus-Renft-Combo. Viele Fans und Experten sehen diesen Auftritt als Geburtsstunde des Ostrock.

Renft, der eigentlich Jentzsch heißt und später den Mädchennamen seiner Mutter angenommen hat, wurde zur Ikone der Beatbewegung in der DDR. Reich ist er davon nicht geworden, sein Ruhm ist von tragischer Natur. Dreimal verboten, in den Westen emigriert, zurückgekommen und heute in Clubs und auf kleineren Bühnen herumgereicht als Denkmal, dem sich mitalternde, eingefleischte Fans noch immer nicht entziehen können. Der heute 60-jährige ist ein liebenswürdiger

älterer Herr, nuckelt unentwegt an seiner Pfeife, ein witziger und intelligenter Zeitzeuge.
1962 wurde die Klaus-Renft-Combo zum ersten Mal verboten wegen „Verbreitung amerikanischer Unkultur". Seine Nachfolgeband The Butlers wurde 1965 verboten wegen „Widerspruch zu unseren moralischen und ethischen Prinzipien". 1975 wurde die Gruppe Renft verboten, „weil ihre Texte nicht das Geringste mit unserer sozialistischen Wirklichkeit zu tun haben" (aus der Begründung von Ruth Oelschlegel, Konzert- und Gastspieldirektion Leipzig).
Renft war auch mittendrin im Strudel der Ereignisse vom Herbst 1965, welche die DDR-Kulturlandschaft wenig später zu einer Eiswüste erstarren ließen.

„In der Waldbühne habe ich letzte Nacht das Fürchten gelernt ... Ich kenne jetzt die Hölle", zitierte Springers „Bild"-Zeitung einen Augenzeugen vom Stones-Spektakel in Westberlin am 15. September. Zwei Tage später übernahm „Neues Deutschland" den Artikel komplett und druckte ihn als Faksimile ab. Unglaublich, Springers Blut- und Busenblatt und das Zentralorgan der SED stießen ins gleiche Horn! Wenngleich aus unterschiedlichen Motiven. Mit dem weltweiten Ausbruch der Beatles-Mania ab 1964 wurde Beatmusik in der DDR zunächst als charmante Anarchie gegen Spießertum und Biederkeit im Kapitalismus gepriesen. Mehrere Beatles-Singles und sogar eine LP durften beim Unterhaltungsplattenlabel Amiga erscheinen. Gruppen wie die Amigos, Tornados und – führend – die Theo-Schumann-Combo absolvierten Fernsehauftritte. Schumann adaptierte sogar einen Stones-Titel, aus „This could be the last time" wurde „Das kann doch nicht wahr sein." Drei Jahre nach dem Mauerbau schienen sich Hoffnungen vieler DDR-Bürger zu erfüllen, wonach in der Abschottung Freiheit gedeihen konnte. Tatsächlich hatte sich nach der Verriegelung der Grenzen im

August '61 und mit dem Stopp der Flüchtlingswelle in den Westen die Volkswirtschaft erholt. Staats- und Parteichef Ulbricht wollte noch mehr, nämlich den wirtschaftswundersamen Aufschwung West „überholen ohne einzuholen“. Zu erleben, wie sowas funktioniert, versprach Spannung. Im SED-Sozialismus zu leben, machte nun mitunter richtig Spaß. Aber die Freude war von kurzer Dauer. Die Gründe für das Umschwenken der offiziellen Kulturlinie lassen sich nur mit Ängsten vor Kontrollverlust erklären. Eine wuchernde Subkultur ausgerechnet in den Reihen der „Kampfreserve der Partei“ – wir erinnern uns, im Westberlinischen „Jugendliche“ genannt – schien auf Dauer gefährlich. Hinzu kamen führungsinterne Machtkämpfe gegen die zaghaften Liberalisierungsansätze der Ulbricht-Fraktion, eingefädelt vor allem vom jung-agilen Sekretär für Sicherheitsfragen im Zentralkomitee, Erich Honecker, zweiter Mann im Staat, Organisator des Mauerbaus und als ehemaliger FDJ-Vorsitzender bestens mit „Jugendfragen“ vertraut. „Über eine lange Zeit hat DT 64 in seinem Musikprogramm einseitig die Beat-Musik propagiert“, warnte Honecker später auf dem 11. SED-Plenum. „Dabei wurde übersehen, dass der Gegner diese Art von Musik ausnutzt, um durch die Übersteigerung der Beat-Rhythmen Jugendliche zu Exzessen aufzuputschen. Der schädliche Einfluss solcher Musik auf das Denken und Handeln von Jugendlichen wurde grob unterschätzt.“ Der umsichtige Schalmeienmusikant aus dem Saarland gab die Linie vor: gezielte Kriminalisierung all dessen, was wie Beat klingt, riecht und aussieht. Am 20. Oktober druckt die „Leipziger Volkszeitung“ einen ganzseitigen Artikel mit der Überschrift „Dem Missbrauch der Jugend keinen Raum“. Zitat:

**„Die langen zotteligen Haare, die sie als äußeres Kennzeichen ihrer Geisteshaltung tragen, engen ihren Horizont dermaßen ein, dass sie nicht sehen, wie abnorm ungesund und unmenschlich ihr Gebaren ist.“**

Ähnlich wie im Westen wurde mal wieder auf Äußerlichkeiten gesetzt, um die Dekadenz neuer Moden zu beschreien, und der Vandalismus in der Waldbühne umgedeutet in eine „blinde Bereitschaft zur Gewalttätigkeit gegen die DDR" („Junge Welt"), wohl in Bezug auf mehrere nach dem Konzert beschädigte S-Bahn-Wagen, denn das wichtigste Westberliner Verkehrsmittel stand nach wie vor unter Verwaltung der „Deutschen Reichsbahn" in Ostberlin.

Zeitgleich mit der Presse traten die Behörden auf den Plan. Bis Ende Oktober entzog die zuständige Abteilung Kultur beim Rat des Kreises 49 Amateurgruppen die staatliche Spielerlaubnis. Das waren so gut wie alle. Leipzig, dem „Liverpool des Ostens", wurde der Garaus gemacht. Entzug der Spiellizenz bedeutete Auftrittsverbot, das Ende. Davon betroffen waren auch die regional beliebtesten Gruppen, das Diana-Show-Quartett mit Frontmann Achim Menzel und The Butlers mit Klaus Renft. Bei weiteren Bands wurden die Verbote mit „Steuerhinterziehung" begründet und derartig hohe Nachzahlforderungen gestellt, dass sie unter der Last der Anschuldigungen von allein zerbrachen.

Derart rigide Umgangsformen brachten die Volksseele zum Kochen, vor allem die ganz junge. Noch war der 17. Juli 1953 nicht vergessen, und so kursierte in Leipzig ein Flugblatt, das nicht nur die Wiederzulassung verbotener Bands, sondern auch „endlich freie Wahlen und die Einheit Deutschlands" forderte. Ein anderes Papier appellierte an alle:
„Beat-Freunde! Am Sonntag, dem 31.10.65, 10 Uhr, Wilhelm-Leuschner-Platz, Protestmarsch." Wie ein Lauffeuer verbreitete sich dieser Termin an den Schulen, wer ihn ersonnen hat, bleibt bis heute unklar. Volkspolizei und Stasi machten mobil, Herr Renft wurde zum Rat der Stadt bestellt, Abteilung Kultur, ob er wisse, was am geplanten Sonntag laufen

würde. Doch der soeben verbotene Künstler war wenig auskunftsfreudig und wusste nach eigenem Bekunden nichts. „Wir als Gruppe hatten damit nichts zu tun."
Der Zeitpunkt jedenfalls schien gut gewählt und öffentliches Interesse garantiert, denn an jenem Tag bestritt die Fußballnationalmannschaft der DDR im Zentralstadion ihr letztes Qualifikationsspiel zur Fußball-WM gegen die Auswahl von Österreich. 95.000 Zuschauer verfolgten das 1:0 der DDR, die jedoch nur Gruppenzweiter wurde und damit die WM im Jahr darauf in England knapp verpasste. Die Stadt war voller Menschen, darunter beängstigend viele in Uniform. Und tatsächlich versammelten sich morgens um zehn auf dem kargen Wilhelm-Leuschner-Platz, der eigentlich kein Platz ist, sondern eine Gabelung verschiedener Straßen, Grüppchen junger Leute, so etwa 2.000, wird geschätzt, davon 600 bis 800, die sich nach Kleidung und Frisur als „harter Kern der Beat-Fans" zu erkennen gaben. Was jedoch zu einer „Demo" fehlte, waren die Transparente und Sprechchöre, und von einem „Sternmarsch", der sich angeblich aus mehreren Stadtteilen bis zum Karl-Marx-Platz bewegen sollte, war schon gar nichts zu sehen. Die meisten kamen aus Neugier, brachten gute Laune mit und warteten ab, was passiert. Und es passierte einiges. Ein futuristisches Fahrzeug rollte auf den Platz, ein gepanzertes Ungetüm, das an Jules Verne erinnerte oder an die Kampfmaschinen aus H.G. Wells' „Krieg der Welten". Ein Wasserwerfer. Dieser nahm rasch seine Arbeit auf. Und nicht nur er. Renft erinnert sich, wie Polizeikommandos Jugendliche aus den Straßenbahnen holten, Mpi's zu sehen waren und die Polizei einen Ring um die gesamte Innenstadt bildete. Daraus entwickelte sich ein Katz-und-Maus-Spiel, zunächst ein Heidenspaß für viele, später eine Treibjagd. Die Ordnungshüter konnten zwischen Freund und Feind nicht immer unterscheiden, ein Stasi-Mann wurde versehentlich auf einen LKW gestoßen, ein schaulustiger Koch aus dem „Ratskeller" bekam eine Du-

sche ab, ein „Demonstrant" ließ sich Richtung Marktplatz treiben, lieferte sich am Alten Rathaus unter den Arkaden ein Laufduell mit einem Polizeihund und landete schließlich in den Armen eines schlagbereiten Ordnungshüters.
Die Methoden der Staatsmacht waren immer die gleichen, bis zu ihrem Ende. Wie später im Oktober '89 wurden auch an jenem Tag 24 Jahre vorher die „Zugeführten" in Gefängnishöfe gefahren, wo sie stundenlang, die Beine breit, die Hände hoch, an kalten Mauern stehen mussten. 267 Verhaftungen meldete der Polizeibericht. Einige von ihnen wurden verurteilt, andere blieben wochenlang verschwunden, weil sie im Braunkohlebergbau im Leipziger Südraum Zwangsarbeit verrichten mussten. Stummer Protest an Häuserwänden in der darauf folgenden Nacht forderte ohnmächtig: „Nieder mit dem Polizeiterror" oder „Prügelhunde weg, pfui – Beat-Clubs her!" Dann war der „Leipziger Beat-Aufstand" endgültig beendet. „Ruhestörern und Rowdys das Handwerk gelegt", berichtete am nächsten Tag beiläufig die „Leipziger Volkszeitung", so als hätte keiner was gemerkt.

Sechs Wochen später holte die Staatsmacht in Berlin aus zum dramatischen Schlussakkord im Anti-Beat-Jahr '65. Das vorweihnachtliche 11. SED-Plenum, auch bekannt als „kulturelle Kahlschlags-Konferenz", bescherte dem ganzen Land einen politischen Wintereinbruch und heimliche, eisige Tränen der Erstarrung. Bücher, Filme, Künstlerauftritte wurden verboten, und der greise Genosse Ulbricht zitierte einen Beatles-Song:

**„Ich denke, Genossen, mit der Monotonie des ‚Yeah, Yeah, Yeah', und wie das alles heißt, sollte man doch Schluss machen. Ja?"**

# VIII.

## „Good Vibrations“ oder: Das Universum lächelt nicht

*„‚Smile‘ ist für mich das perfekte Pop-Album, weil es nicht existiert. Man hat Zugriff auf all die Fragmente, es gibt Arbeitskopien von den wenigen fertigen Songs. Aber das komplette Album existiert nicht. Folglich muss man als Hörer die einzelnen Teile im Kopf zusammensetzen. Und das ist, soweit ich Plato kenne, Perfektion. Weil es nicht existiert. Und niemand kann es stehlen.“*

*David Thomas, Musiker, Los Angeles*

Am 23. Januar 2002 ist Brian Wilson auferstanden. Zum ersten Mal nach 38 Jahren, seit der Beach-Boys-Tournee 1964, betritt er wieder eine deutsche Bühne. Nach einem Hamburg-Auftritt gastiert Wilson im „Internationalen Congress Centrum“ in Berlin. „You say ‚dankeschön‘, ich say ‚thank you‘“ bedankt sich der 59-jährige, als er sich auf die Bühne ins Scheinwerferlicht schleppt, behäbig hinter ein Keyboard setzt, auf dem er während des ganzen Abends keinen einzigen Ton spielen sollte. Eine Art Pult scheint dieses Instrument zu sein, hinter dem der chronisch selbstzweiflerische Genius seine unsicheren Bewegungen verbergen will. Das Publikum sieht sie trotzdem und hört auch die angegriffene Stimme: Hohe Töne trifft Wilson fast nie, manchmal jault oder bebt er und liest seine eigenen Songtexte vom Bildschirm ab, in Fachkreisen „Teleprompter“ genannt. Auf diese Weise moderieren auch Fernsehprofis ihre Sendungen felsenfest sicher in die Kameras. Wilsons Anliegen ist, sein Meisterwerk „Pet Sounds“ aufzuführen. Ein Beach-Boys-Album von 1966, heute gefeiert als „bestes Pop-Album aller Zeiten“, Wilson hatte es damals im Alleingang geschrieben. Mit einer pedantisch ausgewählten Riege hochklassiger, aber namenloser Musiker gerät der Abend zur Perfektionskür in Sachen Reanimation bedeutender Mu-

sik von damals. Die zehnköpfige Band bietet klanglich opulente Fülle und lässt beim mehrstimmigen Harmoniegesang vergessen, dass die anderen Beach Boys fehlen.
Wilson starrt reglos in den Saal, rudert mit den Armen, die Hände schweben fortwährend in der Luft, schichten imaginäre Klänge aufeinander.
Außer „Pet Sounds“ komplett, mit ständigen Ansagen wie „jetzt kommt der dritte Titel auf der zweiten Seite“, spielen Wilson und Band die größten Hits der Beach Boys und sogar Songs aus dem „verschollenen“ Album „Smile“, das 1967 veröffentlicht und „Pet Sounds“ übertreffen sollte. Das Berliner Publikum lauscht und tanzt, dankt stürmisch. Brian Wilson dankt regungslos ergriffen und verschwindet.
Unmittelbar nach dem Konzert ist ein „Meet and Greet“ anberaumt, zu deutsch, ein „Treffen und Grüßen“, ein zwangloser Termin hinter der Bühne mit dem Künstler, bei Büfett und Freibier. Vier Quiz-Gewinner einer Tageszeitung, die ein Rätsel zu den Beach Boys lösten, und ein kleiner Tross von Journalisten dürfen teilnehmen. Das Reglement ist streng, fast schikanös: von jedem Medium nur ein Vertreter, bitte nicht rauchen, kein Blitzlicht, bitte nur einzeln sich dem Künstler nähern. Eine Dame vom örtlichen Veranstaltungsbüro führt das Kommando und die kleine Gruppe durch ein Labyrinth von Gängen hinab bis zu einer Stahltür. „Gleich sind wir in der Reichskanzlei“, scherzt jemand. Zwei korpulente Herren im Maßanzug, die düster bohrende Blicke senden, flankieren dieselbe. Wilsons Bodyguards, erste Abteilung.
Hinter der Tür gähnt ein schmuckloser Raum, der an Gefängnis erinnert, kahl und mit kopfschmerzendem Kunstlicht. Auf zwei länglichen Tischen, die im rechten Winkel stehen, liegen schmucklos verteilt Knabbertüten mit Gebäck, stehen Büchsenbier und Cola-Flaschen.
An einem einzelnen Tisch dahinter sitzt Brian Wilson, flankiert von Leibwächtern.

Gehemmt von der Anwesenheit des Meisters hält die auserwählte Gruppe inne. Einige bedienen sich zögernd an den Tischen, Flaschen und Büchsen zischen vorsichtig.

**Wilson schaut irrlichternd durch den Raum, fast ängstlich. Sein Blick scheint sich festzubohren in unbekannter Ferne, eine, die nur er kennt, in die ihm niemand folgen kann. Ist da jetzt Musik in seinem Kopf?**

1965 herrschte noch eitel Sonnenschein: fünf fröhliche Jungs am Pool. Brian Wilson wird auf der Plattenhülle als alleiniger Songschreiber genannt.

Ein Herr mit Halbglatze, früher Beach-Boys-Zielgruppe, nähert sich langsam dem Wilson-Tisch. Versunken schreibt der Meister ein Autogramm.
Das ist die Chance, denke ich, der Bann ist gebrochen! Ich wühle mein Mikrofon aus der Tasche, will mein Interview bekommen, das mir vom Veranstalter via Fax versprochen worden ist. Doch kaum halte ich das Gerät bereit, nähere mich dem Tisch, packt mich ein energischer Zwei-Meter-Mann am Arm, sagt gedämpft und drohend: „No Interview! No Interview!" Diskutieren ist hier zwecklos, denke ich, verstaue das Arbeitsmittel und suche nach Papiernem, das für Wilsons Unterschrift geeignet ist. In der Hand halte ich das Programmheft und zwei CD-Booklets. Da kommt der Hüne wieder auf mich zu und fuchtelt mit dem Finger: „Only one item! – Nur ein Stück!" Ich gebe wieder nach und belasse es bei meiner „Pet Sounds"-CD.
Wilson schreibt jetzt weiter Autogramme. Auch die restlichen Besucher haben sich entspannt, stehen am Tisch des Künstlers in Erwartung seiner Unterschrift, andere sitzen beim Büchsenbier und reden über sonstwas. Ich stehe und warte.

Endlich. Wortlos, aber lächelnd, lege ich das CD-Booklet auf den Tisch. Verkrampft führt Wilson den schwarzen Stift auf das Papier und malt langsam wie ein Kind seinen unlesbaren Schriftzug. Ich bitte ihn, er möge das Datum hinzufügen. „What?", quäkt Wilson, auf dem rechten Ohr taub. Ein Leibwächter zur Linken erklärt ihm meinen Wunsch, dann schreibt Wilson, noch langsamer, das Datum – das Datum von morgen. „Der Mann war seiner Zeit damals schon voraus", erkläre ich mir lakonisch seinen Irrtum. Egal, ich lächele ihn an, strahle aufrichtig und sage kraftvoll „Thank you!" Wilsons Blick schimmert durch mich hindurch und an mir vorbei.
Noch während die schwarze Schrift trocknet, ruft jemand „Thank you, Brian!" Das Procedere ist zu Ende. Der Schöpfer

des Schönen erhebt sich mühsam, hinkt mit ewig gleich starrem Gesicht an mir vorbei, durch die stählerne Tür davon, ins Keller-Labyrinth des ICC.
Ich wusste es, die „Good Vibrations“ waren immer nur eine Fantasie! Gefangen in einem Gehirn, das einem Universum gleicht. Kalt und ohne ein Lächeln entschwindet es mit der Zeit und mit ihm Brian Wilson.

Drei Monate Produktionsmarathon: Das Meisterwerk „Pet Sounds“ von 1966 mit Wilson-Autogramm von 2002.

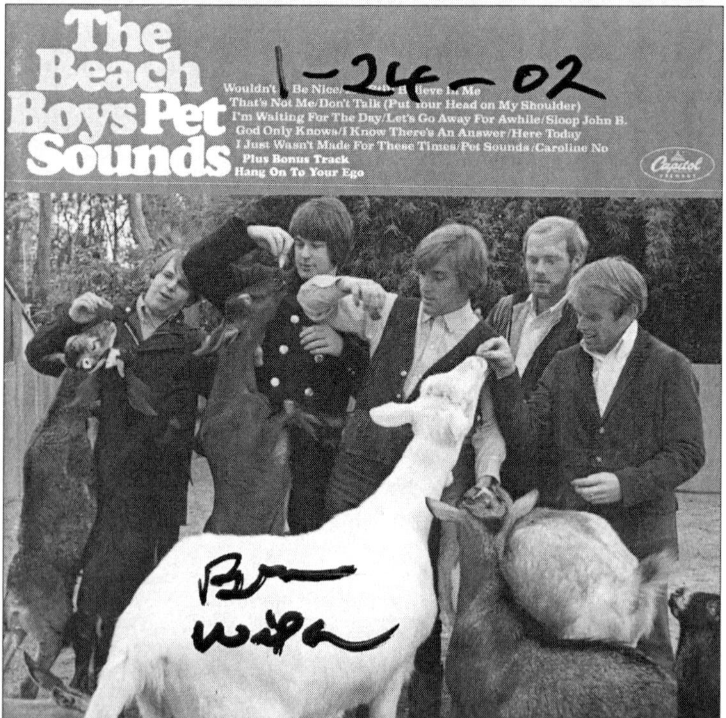

*Jahrzehnte zuvor in Hawthorne, Kalifornien, 1962:*

Immer nachts und wenn er allein war, hörte Brian die Wellen des Ozeans ans Ufer schlagen. Sie dröhnten in seinem Kopf wie Kesselpauken, gefolgt vom metallischen Ton des Beckens, das der Arm der Natur in Form zischender Gischt zusammenschlug. Immer derselbe Rhythmus. Er machte ihm Angst. Wasser bedeutete Unheil, das verschlingende Unbekannte, tief und lauernd. Brian hasste das Meer und alles, was ihn damit in Berührung brachte. Er war ein dicklicher Junge, sehr unsportlich. Mit Surfen hatte er schon gar nichts im Sinn. „Strandjungs", so etwas Albernes! Aber Vater Murray wollte es so.

Der mürrische Maschinengroßhändler aus Hawthorne, Kalifornien, wäre gern selbst ein berühmter Sänger geworden. Er hatte sich lange darum bemüht, vergeblich, und so kam ihm die Idee, die Söhne groß herauszubringen.

**Er ahnte, dass Brian etwas Besonderes war. Und gerade deshalb behandelte er ihn am schlechtesten.**

Er, der künstlerische Motor, sollte es weit bringen und die Familie mitziehen, das musste man ihm einbläuen. Der ältere Bruder von Dennis und Carl war musikbesessen. Sobald er Noten lesen konnte, saß er stundenlang in seinem Zimmer und schrieb die Arrangements seiner Lieblingssongs in ein kleines Heft, fein säuberlich, einfach nach Gehör, so wie sie aus dem Radio tönten, die Werke von Perry Como, Pat Boone und von George Gershwin.
„Weil mein Vater so grausam zu mir war, habe ich mich der Musik zugewendet. Sie wurde mein einziger Freund", sagte er später. Wer bei Murray nicht spurte, bekam was mit dem Ledergürtel. Die gütige Mutter, ruhender Pol im Tollhaus Wilson, war meistens machtlos. Zu nichtigen Anlässen mussten

die Söhne antreten, sich über die Badewanne beugen, die Hosen herunterlassen, und dann peitschte Murray, was die Armkraft hergab.

**Eigentlich müsste Brian die Musik fürchten, denn sie war das Diktat des Vaters. Aber sie erschien ihm als Zufluchtsstätte. Sie enttäuschte ihn nie. Sie sprach zu ihm, und er sprach durch sie. Und sie half ihm, trübe Stimmungen zu verscheuchen.**

Im Grunde wollte der gehemmte Junge sein wie jeder andere in seinem Alter, mit Partys am Strand, Mädchen und schnellen Autos. Aber meistens war der Graben zwischen Wunsch und Wirklichkeit zu groß. Also feierte Brian im Kopf eine Ersatzparty. „Immer sind diese Songs in mir. Manchmal lasse ich sie raus." Frühe Songs der Beach Boys sprühen vor Lebensfreude, Sonnenschein und ewiger Jugend. Westküsten-Romantik, das erregende Geschicklichkeitsspiel des Surfens und Geschwindigkeitsrausch in schnellen Autos, damalige Herzstücke kalifornischer Freizeitkultur, verewigten Brian und die Boys als amerikanische Urerlebnisse.

Surfmusik haben die Beach Boys niemals gemacht. Sie haben nur vom Surfen gesungen, glaubwürdig und erfolgreich. Ihre hohen Stimmen und munteren Harmonien wurden allmählich zum Synonym für „Surf Sound". Tatsächlich aber wurde diese Stilart in der Nachmittagssonne an den Westcoast-Stränden kreiert, meist von Zufallsensembles, die drauflos improvisierten: Blues, Rhythm and Blues, Schlager – alles kam in einen Topf, meist ohne Gesang, nur instrumental. Die Ergebnisse solcher „Sessions" sind heute längst vergessen, nur ein paar Bands in blasser Erinnerung: The Ventures oder The Tornados, die wahren Erfinder des Surf Sound.
Geblieben sind die Beach Boys.

Ihren Erfolg verdanken sie der Hartnäckigkeit des Vaters, der den Plattenbossen der Firma „Capitol" in Los Angeles genauso wenig Ruhe ließ wie seinen Söhnen, und einer verbreiteten Auffassung vom Lebensstil Anfang der Sechziger.
„Die durchschnittliche amerikanische Familie", witzelte man damals, „hat ein Häuschen in der Vorstadt, 2,7 Kinder, erfreut sich an Grillpartys und Familienausflügen."
In dieser „Home, Sweet Home"-Periode füllte das singende Idyll gutsituierter Söhne eine Marktlücke: Die Beach Boys – in ihrer besten Besetzung mit den Wilson-Brüdern, ihrem Cousin Mike Love und Schulfreund Al Jardine – posierten mit Rasenmäher, beim Autowaschen und vor dem Eigenheim des Durchschnitts-Kaliforniers, einem hölzernen Flachbau, dem „Bungalow".

Die Erfolgsstory begann im Februar 1962: Durch penetrantes Drängen von Murray brachte das kleine einheimische Label Candix die Single „Surfin'" heraus, die oft im lokalen Hörfunk lief und so häufig über die Ladentische wanderte, dass sie bis auf Platz 75 der Verkaufshitparade stieg. Natürlich hatte Brian den Song geschrieben. Die nächste Single, „Surfin' Safari", schaffte es immerhin schon bis auf Platz 3. Das war mehr als gut.

Im Jahr darauf stiegen die Boys auf, in die Erstliga nationaler Ereignisse, absolvierten Auftritte in allen wichtigen Fernehshows, und erreichten mit „Surfin' U.S.A." Platz 3. Im März 1964 – die Beatles-Mania war über Amerika hereingebrochen – belegten die Beach Boys zum ersten Mal Platz 1 der US-Charts mit „I Get Around". Von da an wurden sie vermarktet als direkte amerikanische Antwort auf die Beatles. Angestochen und vom Erfolg getrieben, schien Brians Kreativ-Quell unversiegbar. Niemand bemerkte die Zeitbombe, die in ihm tickte. Er schrieb und schrieb, acht Alben in zwei Jahren, dazu kamen Tourneen, Auftritte, Musik-Aufträge für Surffilme und Streitereien mit Manager und Vater Murray, der noch immer herrschte. Da rauften sich die Brüder zusammen und entmachteten den Herrscher. Sie teilten ihm mit, er sei als Manager gefeuert, das hätten sie mehrheitlich beschlossen. Der Patriarch musste akzeptieren. Brians persönliche Revolte ging sogar noch weiter: während der „Pet Sounds"-Produktion verwies er seinen Peiniger lautstark aus dem Studio, weil er es gewagt hatte, sich in Brians Musik einzumischen.

Am 23. Dezember 1964 explodierte die Zeitbombe Brian Wilson. Es passierte auf dem Flug nach Houston/Texas. Gerade hatte die PanAm Boeing vom Los Angeles International Airport abgehoben, da brach Brian in Tränen aus. Noch immer angeschnallt, liefen die Tränen ihm still über das Gesicht. Al Jardine bemerkte sie zuerst. „Al, ich will umkehren. Sag ihnen, sie sollen umkehren", schluchzte Brian. „Wenn sie nicht umkehren, dreh' ich durch." Die Beach Boys versuchten, ihren wichtigsten Mann zu beruhigen, doch der steigerte sich hysterisch: „Ich will hier raus!"

**Nach einer Viertelstunde war sein Angst-Adrenalin aufgebraucht. Bis zur Landung in Houston verlief der Flug ruhig.**

„Lasst uns auch zurückfliegen", schlug Jardine vor. Nur Carl Wilson blieb aufrecht: „Wir haben doch schon öfter ohne ihn gespielt. Wir schaffen die zehn Tage allein, und danach ist er bestimmt wieder fit."
Aber die Würfel waren gefallen. Brian verkündete entschlossen, nie wieder auf Tournee zu gehen. Er wolle zu Hause bleiben und das tun, was er am besten konnte, Musik schreiben und den Sound weiterentwickeln. Seine Band sollte weiter durch die Welt reisen und seine Songs, so gut es eben ging, live umsetzen. Eine geniale Arbeitsteilung: die Hitmaschine arbeitet

daheim, während die Band auf der Bühne promotet und den Verkauf ankurbelt. Ein Ersatzmann für Brian auf der Bühne war rasch gefunden: Glenn Campbell, der sich stimmlich bestens einfügte. Er blieb zwei Jahre, begann erfolgreich eine Solo-Karriere („Rhinestone Cowboy") und wurde gegen Bruce Johnston ausgetauscht, der noch heute offiziell ein Beach Boy ist.

An einem Dezembertag 1965 hörte Brian zum ersten Mal „Rubber Soul", das sechste Beatles-Album, mit ersten psychedelischen Versuchen. In „Norwegian Wood" spielt George Harrison eine indische Sitar, in „Girl" verwendet John Lennon einen ungarischen Mazurka-Rhythmus. „All diese Songs schienen aus der vierten Dimension zu kommen", staunte Brian. Ahnte er die „Zaubermittel", die dahinter steckten? Die neuen „Götter" der Fab Four hießen Pot und LSD. Ihrer Musik wuchsen „Flügel".
Immer wieder spielte Brian dieses Album, bis er sich sagte: „Sowas kann ich auch. Setz dich hin und schreib ein Album, das alle umhaut!"

Gedacht, getan. Am 22. Dezember begannen mit dem Einsingen der Vokalharmonien für die neue Single „Sloop John B" die Aufnahmen zum mutmaßlich bestem Pop-Album aller Zeiten. Der Plan „Arbeitsteilung" funktionierte glänzend. Während die Beach Boys auf Japan-Tournee gingen, legte Brian mit der Crème de la Crème der Sessionmusiker von Los Angeles im Frühjahr richtig los. Bis zu 40 Personen waren oft im Studio versammelt, darunter auch Mitglieder der örtlichen Symphonieorchester. Hemmungslos und von Visionen besessen reglementierte Brian die gestandenen Herrschaften, wie sie ihre musikalische Vorbildung getrost vergessen konnten, damit ihre Einsätze zu den Klangvorstellungen in seinem Kopf passten. Er schrieb die Musik und engagierte als Texter Tony Asher, einen Songschreiber, der hauptberuflich Werbejingles entwarf.

Brian, von Natur aus kein großer Lyriker, teilte Asher seine Vorstellungen mit, welche dieser dann in gestochene Songlyrik verwandelte. Die zum Teil persönlichen Texte sind ein Kaleidoskop von Wilsons Innenleben: Sehnsucht nach Liebe und Sexualität, Selbstzweifel und Suche nach Anerkennung. „Die Songs sollen dir das Gefühl geben, geliebt zu werden", umriss er seine Botschaft.
Während der Produktion sang er alle Gesangsspuren selbst. Er mischte sie im Multitrackverfahren, bis auch die Harmoniechöre aufeinanderpassten. Auf dem fertigen Album sind jedoch im Hintergrund alle Beach Boys zu hören, Wilson singt dafür sämtliche Leadstimmen.

Es war die Zeit, da er bereits mit Drogen experimentierte. Schon während der Tourneen hatte er oft und gern Beruhigungstabletten geschluckt. Jetzt kamen Substanzen wie Hasch und LSD dazu. Er geriet in einen Teufelskreis aus selbst auferlegtem Leistungsdruck und dem Erwartungsdruck der Außenwelt, der Plattenfirma, den Beach Boys und ihrem Publikum. Und er arbeitete wie besessen.
Nach drei Monaten war „Pet Sounds" im Kasten.
Gespannt wartete der Komponist auf die Resonanz, die sein Werk beim Publikum auslösen würde.
Am 28. Mai 1966 stieg die LP in die US-Albumcharts ein, mit nur mäßigem Erfolg. Die Beach Boys blockierten sich selbst, ohne dass sie was dafür konnten, denn fast gleichzeitig und im Alleingang veröffentlichte Capitol ein „Best Of"-Album, weil die Plattenbosse „Pet Sounds" nicht hitverdächtig genug fanden. „Best of" erreichte immerhin Platz vier. „Pet Sounds" blieb auf dem sechsten Platz hängen und verkaufte sich in den Staaten nur 200.000-mal.
Ganz anders in Europa: Britanniens Hitliste notierte die Scheibe auf Platz 2, insgesamt 23 Wochen lang blieb sie in den dortigen Top 10. In jenem Sommer bestimmten drei der wichtigsten Pop-

Alben das Kaufverhalten der Briten: „Aftermath“ von den Rolling Stones, „Revolver“ von den Beatles und eben „Pet Sounds“. Auf ihrer England-Tournee am Jahresende wurden die Beach Boys dafür stürmisch gefeiert, besonderes Lob kam von den Beatles, vor allem McCartney war „hin und weg“. Er gesteht noch heute, er müsse „jedes Mal weinen“, wenn er die Platte hört, er habe jedem seiner vier Kinder ein Exemplar geschenkt, „God Only Knows“ sei „der beste Pop-Song aller Zeiten“.

Stratosphärische Gesänge: „Revolver“, die siebente Beatles-LP, wollte Brian Wilson mit dem bis heute unveröffentlichten „Smile“-Album überbieten und damit den Wettlauf um die „perfekte Pop-Platte“ für die Beach Boys entscheiden.

Von alldem hat Brian im fernen L. A. nichts mitbekommen. Neue Nahrung für nagende Selbstzweifel. Er raffte alle Energie zusammen, ein letztes gewaltiges Aufbäumen gegen die Versagensängste. Katalysator für Brians neuerlichen Schub waren wieder die Beatles, die mit „Revolver" einen psychedelischen Klangbildertrip lieferten. „Öffne deine Gedanken, entspanne dich und treibe stromabwärts./ Es ist nicht Sterben, es ist nicht Sterben./ Lege alle Gedanken nieder/ gib dich der Leere hin./ Sie ist Scheinen/ sie ist Scheinen." John Lennons stratosphärischer Gesang, schwebend über einem Collage-Bett aus Tonschnipseln und Geräuschen, war die akustische Bebilderung einer Reise nach Fantasia.

Brians neuestes Projekt sollte all das übertreffen und sogar ein Konzept beinhalten. Es sollte noch aufwendiger klingen als „Pet Sounds" und noch surrealer als „Revolver". Ungewollt lieferten sich die erfolgreichste amerikanische und die beste britische Band ein kreatives Fernduell: Die Beatles gegen die Beach Boys, die Beach Boys gegen die Beatles. Diese gaben Ende August 1966 ihr letztes Live-Konzert, nahmen drei Monate Urlaub und trafen sich im November im Studio, um neue Pläne zu besprechen. Da vor allem McCartney „einen Sack voll neuer Songs" mitbrachte, war zu erwarten, das nächste Beatles-Album würde in Anbetracht vollständiger Konzentration auf Studioarbeit alles bislang Dagewesene kolossal übertrumpfen. Brian („Die Beatles und die Stones? Ich habe Angst vor diesen Gruppen!") wollte dem zuvorkommen. Einige Songs aus den Sessions zu „Pet Sounds", die er nicht auf das Album brachte, lagen auf Halde.

„Good Vibrations" hatten Wilson und Asher schon Anfang Februar geschrieben. Es sollte ein Vorgeschmack sein, was die Beach Boys auf der nächsten Long Play bieten würden. Und dies gelang mit Nachdruck! Am 22. Oktober kam der Song in die US-Hitparade und erreichte Platz 1, ebenso in Großbritannien. „Meine Mum erzählte mir mal, dass Hunde genau die Stimmung ihres Herrchens spüren, da kommen Vibrationen rüber", erinnert sich Brian. Und da hatte es bei ihm klick gemacht. Er selbst nennt den Song seine „Hosentaschen-Sinfonie".

**Prall gefüllte dreieinhalb Minuten mit Chören, Tempiwechsel, ruhigem Mittelteil und einem Instrument namens Theremin, das per Handbewegung elektrische Schwingungen, pfeifende und surrende Töne erzeugt, machen den Song zur abenteuerlichsten Single aller Zeiten. Innerhalb von fünf Monaten hatten die Boys den Song in vier verschiedenen Studios aufgenommen, die Produktion verschlang astronomische 4000 Dollar, damals Rekord für eine Single.**

Unter dem Eindruck von „Revolver" forcierte er im Oktober die Arbeit an dem neuen Album, das von „Dumb Angel" (Stummer Engel") in „Smile" umgetauft wurde. Ein „universelles Lächeln" sollte es widerspiegeln, welches er dank „bewusstseinserweiternder" Drogen erfahren hatte. Den Elementen Feuer, Wasser und Erde würde er jeweils ein längeres Werk widmen. Außerdem beklagte er, Amerika habe durch Kennedy-Mord und Vietnamkrieg seine Unschuld vor der Geschichte verloren, „Smile" – das verlorene Lächeln der Unschuld! Der Album-Titel war zweideutig gemeint. Zum Texten kam einer der versiertesten Songlyriker Amerikas ins Studio, Van Dyke Parks, der schon für die Byrds geschrieben hatte und als feste Größe der L.A.-Musikszene galt.
Brian ließ inzwischen sein Wohnzimmer mit Sand auffüllen, zwecks Inspiration, damit er beim Komponieren am Flügel mit den Füßen darin scharren konnte, und er knallte sich mit Drogen zu. „Ich habe mein Gehirn total verbraten." Im Speed-Rausch polte er die Arbeit auf Höchstleistung und schuf etwa zwei Dutzend fragmentarische Musikstücke, die er zu einem zusammenhängenden Ganzen formen wollte. Einige davon lassen die Brillanz erahnen, die auf „Smile" ertönen sollte. „Surf's

Up“ präsentierte er live in der Fernsehshow von Leonard Bernstein. Der Dirigent, „Lenny“ Orchesterleiter, Komponist und Pop-Fan stand fasziniert neben dem Flügel, auf dem sich Brian begleitete und in höchstem Falsett die zauberhafte Melodie sang. Danach machte „Lenny“ eine Kunstpause und meinte, dies sei die schönste Musik, die er je gehört habe. Er vergaß auch nicht, Brian den „größten amerikanischen Komponisten der Gegenwart“ zu nennen. „Lenny“ neigte zum Superlativ: die Beatles waren für ihn die „besten Komponisten seit Beethoven“ und John Lennon der „Schubert des 20. Jahrhunderts“.
Von Bernstein gelobt zu werden, kam also öfter vor und glich dennoch einem Gütesiegel, denn der Maestro hatte Weltgeltung. „Achten Sie auf die Inhalte der neuen Songs“, predigte er dem Fernsehpublikum. „Sie haben uns viel zu sagen über die Befindlichkeit der jungen Leute, über Liebe, Sex und Drogen, kurz, über das Leben von morgen!“

Indes drehte das US-Fernsehen in Brians Haus eine Dokumentation zum neuen Album. Werbespots im Radio kündigten sein Erscheinen für den Januar ’67 an. Der Reklame-Motor für die versprochene „Sensation“ lief auf Hochtouren, der Druck auf Wilson wurde unerträglich. Parks lieferte Texte, angelehnt an die Methode der freien Assoziation von Siegmund Freud, surrealistische Versatzstücke. Beach Boy Mike Love: „Eines Tages gingen wir zusammen die Texte durch. Ehrlich gesagt, viel verstand ich nicht. Ich fragte Van Dyke ‚Was bedeutet dieser Satz?‘ Und er antwortete ‚Was für ein Satz?‘“
Im Kreuzfeuer der Kritik, das von den anderen Bandmitgliedern kam, hatte Wilson nicht mehr die Kraft, dagegen anzustehen. Absurd fanden sie auch die Länge der Songs, „Heroes and Villains“ mit sieben und „Good Vibrations“ sogar mit 30 Minuten. Brian machte zusehends schlapp und trieb auf LSD immer mehr in eine paranoide Scheinwelt. Der Veröffentli-

chungstermin war nicht zu halten. „Die Beatles waren zu viert und jeder sagte ihnen, sie seien die Größten", beschrieb der Sänger David Thomas aus Los Angeles den Unterschied. „Aber Brian Wilson war allein und bekam zu hören ‚Du bist ein Idiot, der seine Zeit vergeudet.'"
Am Ende hatten Parks und Wilson vier Stunden Rohmaterial produziert, das, über vier spätere Alben verteilt, nur teilweise an die Öffentlichkeit kam. „Smile" als Ganzes ist bis heute nicht erschienen.

Brian Wilsons kreative Flamme – ausgedrückt von wahnwitzigem Selbstanspruch und zu viel LSD – erlosch am Freitag, dem 19. Mai 1967. An jenem Tag findet sich im Hausbuch der Goldstar Recording Studios in Hollywood der simple Eintrag: „Session canceled" – „Session abgesagt".
Zwischen Flügelhorn und Celli, Trompete, Piano, Kontrabass und Rockgitarre war der künstlerische Kopf der Beach Boys angelangt in der inneren Emigration. Es blieb das kalte Universum, nur ihm selbst zugänglich.
Die Beatles entfernten sich jetzt ruckartig um Lichtjahre von ihm.
Sie spielten in einer anderen Dimension. Zufällig am Abend jenes schicksalhaften Tages gaben sie im Hause ihres Managers Brian Epstein in London, Chapel Street 24, eine wilde Party, auf der sie der Presse ihr Meisterwerk vorstellten: „Sergeant Pepper's Lonely Hearts Club Band" war endlich fertig!

# IX.

## Das Ende der Nacht

*„Ich treibe die Situation so weit sie eben auszuhalten ist. Du weißt vorher nie, wie es ausgehen wird."*

*James Douglas Morrison*

Jim Morrison bleibt ein öffentliches Ärgernis. Ein toter Amerikaner in Paris übertrumpft noch immer die französische Hochkultur. Auf dem größten Friedhof der Hauptstadt, dem „Père Lachaise", liegt der ehemalige Sänger der Doors in Nachbarschaft mit Yves Montand, Simone Signoret, Georges Bizet, Edith Piaf. Schon hinter dem wuchtigen Eingangstor aus zwei Flügeln steht, geschmiert auf einen Müllcontainer, der erste Hinweis: „Jim", mit einem schwarzen Pfeil.

Wegweiser dieser Art verunzieren Bäume, Kapellen, Grabsteine. Morrisons Grab ist die wahre Attraktion dieser 44 Hektar und überhaupt nicht zu verfehlen. Ständig wird die schlichte Stätte umlagert von Fans aus aller Welt. Ein Hauch von Hasch liegt in der Luft, manche singen Doors-Lieder zur Gitarre oder lassen Rotweinflaschen kreisen, andere meditieren.

Zum 20. Todestag, am 3. Juli 1991, war es zu Unruhen gekommen, da die Polizei versuchte, allzu viele Fans vom Friedhof fernzuhalten, damit sie nicht die Totenruhe störten. Ein paar von ihnen wehrten sich und warfen Steine. „Mir gefallen solche Ideen, die etablierte Ordnung niederzureißen. Ich bin interessiert an allem, was mit Chaos und Unordnung zu tun hat. Revolte nach außen ist der Weg zum inneren Frieden." – Jim Morrison.

Ein anderes Mal predigte er Liebe. Hin und hergerissen zwischen den Erwartungen des Publikums und sich selbst, war Morrison, ein halbes Jahr nach seiner Trennung von den Doors, 1971 in Paris gestorben.

**Dorthin, ins Reich seiner geistigen Ahnen Rimbaud und Baudelaire, war er, gerade 27 geworden, auf der Suche nach Anonymität, geflüchtet. Morrison starb offiziell den Herztod. Viele sagen, er starb an einer „Überdosis Rock'n Roll".**

An einem sonnigen Nachmittag 1965 trifft Daniel Ray Manzarek am Strand von Venice Beach zufällig seinen Bekannten James Douglas Morrison. Beide hatten an der Filmhochschule in Los Angeles studiert und sich danach aus den Augen verloren. Morrison erzählt, er lebe jetzt in einer kleinen Dachwohnung über einem leer stehenden Kaufhaus und er hätte eine Freundin, Pamela Courson.
„Ansonsten vertreibe ich mir die Zeit ganz gut. Ich schreibe Gedichte, ein paar Songs habe ich auch fertig", sagt er. „Lass mal hören!" Jim schüttelt verlegen den Kopf, nein, so habe er das nicht gemeint. Er wolle den Teufel tun, von wegen hier am Strand eine Gesangseinlage zu geben. Doch Ray lässt nicht locker, bis er nachgibt. „Also gut." Jim legt den Kopf in den Nacken, setzt sich kerzengerade in den Sand, schließt die Augen und rezitiert in meditativem Sprechgesang:

„Lass uns zum Mond schwimmen.
Lass uns die Flut besteigen.
Dringen wir in den Abend,
ergeben wir uns den wartenden Wellen,
das Leben beginnt außerhalb von uns.
Wir sind in einen Strom geraten,
bei unserer Mondscheinfahrt."

Verse über einen Trip im Mondlicht und eine Reise ans Ende der Nacht – „Take the Highway to the end of the night". Manzarek ist ergriffen. Er kniet, lauscht gebannt und lässt den weißen Sand durch die geballten Fäuste rinnen.

**„Mann, Morrison", sagt er nach einer Pause. „Das sind die besten Songs, die ich je gehört habe. Lass uns 'ne Rockband gründen und eine Million Dollar damit machen!" Morrison ist einverstanden. Dann stehen sie auf. Sie wissen, zwei Seelen haben sich gefunden und schließen einen Pakt.**

Jim und Ray gehen eine Weile am Strand spazieren und schließlich in den Sonnenuntergang. Der glutrote Horizont zeichnet ihre Körper schwarz und kantig vor dem bleifarbenen Wasser. „Wir werden den Mythos begründen, Ray." „Ja", antwortet Manzarek, „den Mythos. Spürst du es nicht, Morrison? Die ganze Welt steht vor einer riesigen Explosion. Die Leute wollen nur noch Spaß und Sex. Wir werden ihnen den Geist von Dionysus zurückbringen. Es müssen gewaltige Orgien stattfinden, goldene Begattungen in den Straßen von L.A.!" Jim schlägt vor, die Band „The Doors" zu nennen. „Du meinst ‚The Doors of Perception' – ‚Pforten der Wahrnehmung'? Aldous Huxley? Drogen?"

Eine Weile stehen die Freunde stumm am Strand und starren aufs Meer. Immer schneller versinkt die Sonne hinter dem Wasser und taucht den Horizont in Flammen. Unter der Wasserlinie schimmert ein Rest Sonnenlicht, ein dunkelroter Fisch. Ein Geräusch wie Glockenläuten dringt über das Meer. Zuerst leise, dann, in einer zweiten Welle, etwas lauter. Eine sekundenlange Ewigkeit später – das Zeitgefühl ist außer Kraft – schwillt es unaufhörlich, dröhnt und wütet in den Ohren von Jim und Ray. Ein Glockenorchester, wild durcheinander! Tonwellen sprudeln in ihre Köpfe, dringen tief hinein und explodieren. Das Glockenläuten pumpt sich von der anderen Seite des Ozeans herüber, dort ist Japan. Sie schlagen jetzt im Gleichklang, ein stahlschwerer Ton funkelt im Zentrum der Gehirne beider Freunde, es ist jetzt Orgelklang. Ein Ton, eine Note. Nach unendlich langer Zeit treibt eine zweite Note heran. Jim und Ray kreisen langsam um die Noten, tanzen beschwörend am Ufer wie Schamanen. Der dunkelrote Fisch unter dem Wasser formt sich zu einem prallen Ballon, fett bläht er sich auf und windet sich in rasender Bewegung. „Ich glaube, ich werde wahnsinnig" flüstert Ray und schnappt nach Luft. „Genieße es, genieße es", keucht Morrison. „Jim! Ich, ich bin nicht mehr in meinem Kopf!" Ein blutroter Gasballon steigt aus dem Meer, schwebt schwer und prall heran, fett grinsend über ihre Köpfe, steht Minuten über beiden. Kugelrund formt sich das drohende Ungetüm, dreht sich, zum bersten groß, glutrot drohend, und zerplatzt in einer hirntötenden Explosion ...

*Los Angeles, September 1966:*

Ein kurzer Knall am Bühnenrand. War es ein Feuerwerkskörper? Das narkotisch rote Licht hat Morrison wieder. Keine Zeit für Schrecksekunden. Mit hypnotisch geweiteten Augen steht das Publikum vor der Bühne und verfolgt jede Bewegung des selbstversunkenen Sängers in der schwarzen Lederkluft.

„Der Killer erwachte noch vor der Dämmerung.
Er zog seine Stiefel an.
Er nahm sich eine Maske aus der Ahnengalerie
und er lief den Gang herunter.
Er kam zu dem Zimmer, in dem seine Schwester wohnte.
Und dann besuchte er seinen Bruder.
Und dann ...
Er lief den Gang herunter."

Morrison umklammert den Mikrofonständer mit beiden Händen, lässt den Kopf halbrechts herunterhängen und hält die Augen geschlossen. Gitarrist Robby Krieger steht still wie in Stein gehauen und spielt einen klagenden Ton.

„Und er kam zu einer Tür ..."
rezitiert Morrison gedehnt.
„Er sah nach drinnen.
‚Vater?' – ‚Ja, Sohn?' – ‚Ich möchte dich töten!'
‚Mutter! Ich möchte dich ...'"

Morrison hält inne, als käm er zu sich, reißt die Augen auf. Sein starrer Blick bohrt sich ins Publikum. Keyboarder Ray Manzarek dreht in Trance den Kopf, als wolle er ihn vom Hals losschrauben. Er kneift die Augen zu und bearbeitet blind sein Instrument.
Morrison springt mit einem langgezogenen Schrei empor, landet sicher, schreit „fuck you baby, all night long" und bricht zusammen wie eine vom Blitz gefällte Pappel. Dabei reißt er den Mikroständer mit sich.
Er wälzt sich auf dem Rücken und grunzt martialische Geräusche. Sie klingen nach Kopulieren und nach Sterben.
Dazu fallen alle Instrumente in ein höllisches Crescendo. Schlagzeuger John Densmore verdrischt seine Trommeln, der Gitarrist steht noch immer auf derselben Stelle und pumpt mit energischem Armkreisen Sägezahnakkorde. Der Keyboarder traktiert sein Instrument mit ganzer Körperkraft. In einer dröhnenden Wolke löst sich das Gewitter schließlich auf. Der Schlagzeuger findet zum Takt zurück und der Gitarrist sein Thema.

**Morrison springt auf, elegant und lauernd wie ein schwarzer Panther. Er steht da mit seinem Freund, dem Mikroständer, umschlingt ihn, schaut, als habe er eben den Leibhaftigen gesehen.**

Sein Kopf beginnt sich leicht zu wiegen, im Takt der Musik. Sein verzerrtes Gesicht verschiebt sich wie eine Masse aus Gelee und findet in seine natürliche Form zurück. Er schiebt die Augenlider nach oben und aus dem schattigen Gesicht funkelt ein glasklarer Blick:

„Dies ist das Ende, schöner Freund.
Das Ende, mein einziger Freund, das Ende.“

Engelsgleich wie ein Jüngling aus der Antike, vom welligen Haar umrankt, steht er am Bühnenrand und singt mit einer Chorknaben-Stimme:

„Das Ende von Lachen und leichten Lügen.
Das Ende von Nächten, in denen wir zu sterben versuchten.“

Lebendiger Mythos: Frühe Live-Mitschnitte von den Doors, erstmals veröffentlicht „im Jahre 30“ nach Jim Morrison, Sommer 2001.

Unheilkündend hell der letzte Vers, er dehnt das letzte Wort: „Dies ist das Ende."

Dann geht das Saallicht an im „Whiskey-A-GoGo" am Sunset Boulevard von Los Angeles. Wieder explodiert ein Knallkörper aus dem Publikum am Bühnenrand. The Doors sind heute zum letzten Mal im „Whiskey" aufgetreten, gefeuert wegen unzüchtiger Texte und Bühnenshows. Nicht weiter schlimm, denn längst wittern andere, einflussreiche Konzertveranstalter ihr wahres Potenzial.
Jac Holzman, Firmenchef von „Elektra", hat sie bereits gesehen. Mit einer gewaltigen Energieleistung werden sie Anfang September innerhalb von zwei Wochen ihre erste Langspielplatte aufnehmen. Sie erscheint im Januar 1967 und stürmt am 2. April bis auf Platz 2 der Album-Charts. Die Doors sind ab sofort ein nationales Ereignis und pünktlich zur Stelle im wichtigsten Jahr der Pop-Kultur.

Noch immer schreit das Publikum frenetisch „Zugabe!", Hände recken sich zur Bühne, Morrison ist ihr Messias. „I'm not talking about revolution! I'm just talking about love! – Ich rede nicht über Revolution. Ich rede über Liebe, Liebe, Liebe."

LSD, Lysergsäurediäthylamid, das gefährlichste Halluzinogen, wird ein ständiger Begleiter für Aussteiger, Blumenkinder und Schamanen in diesem „Sommer der Liebe", 1967. Keiner weiß genau, wann er begonnen hat.

„Nach Deinem eigenen Dämon“:
Diesen schlichten Grabstein mit einem Spruch des griechischen Philosophen Sokrates ließen die Eltern von Jim Morrison zu seinem 20. Todestag, 1991, errichten.

Keine Ruhe auf dem „Pere Lachaise“: Doors-Fans aus aller Welt belagern auch heute noch ständig das Grab ihres Idols Jim Morrison.

# X.

## 26. Mai 1967: „Musikalische Skulpturen“ Die Beatles und „Sergeant Pepper's Lonely Hearts Club Band“

*„Sprechen ist ohnehin die langsamste Form der Kommunikation. Musik ist da viel besser. Wir verständigen uns mit der Außenwelt über unsere Musik. Das Büro in Amerika sagt, sie hätten dort ‚Sergeant Pepper' immer wieder von neuem angehört, um zu wissen, was wir in London denken.“*

*John Lennon*

Am 1. Juni 1967 sollte in England das neunte Studio-Album der Beatles erscheinen, so war es geplant. Im Überdruss der Beatles-Mania und ständiger Selbstdarstellung müde geworden, hatten sie sich im Jahr zuvor von den Konzertbühnen zurückgezogen. „Wir können uns nicht weiterentwickeln, wenn uns keiner zuhört“, beklagte Paul McCartney salopp, „darum versuchen wir's jetzt verstärkt mit Studioarbeit.“
In 700 Stunden und mit dem bis dahin größten finanziellen Aufwand einer Schallplattenproduktion von umgerechnet 56.000 Dollar, entstand „Sergeant Pepper's Lonely Hearts Club Band“, eine Tour de Force durch den damaligen Zeitgeist von 40 Minuten Länge, mit Feedback, Verzerrer, Echohall, vervielfältigten Stimmen und anderen Studiotricks. Die Beatles selbst und ihr Produzententeam um „Supervisor“ George Martin zogen alle Register ihres Könnens und lieferten mit „Pepper“ die Begleitmusik zum Lebensgefühl im Sommer 1967.
McCartney: „Immer wieder wurde in den Zeitungen spekuliert: ‚Die Beatles sind ausgebrannt. Sie sitzen im Studio und kommen nicht weiter.‘ Ich rieb mir die Hände und dachte: ‚Wartet nur!‘“

An einem Donnerstag würde es in die Plattenläden „gepfeffert“ kommen. „Pepper's.“ Der Veröffentlichungstag war lange voraus geplant, und die Erwartungen unendlich groß. Musikzeitschriften druckten vorab Textauszüge.

**Vom Gerüchterummel entfacht, geriet ein musikalisches Triebtätertum in Gang, darauf ausgerichtet, den offiziellen Veröffentlichungstermin zu unterwandern und die Geheimnisse der neuen Platte schon vorher ans öffentliche Ohr zu bringen.**

Und tatsächlich, die Studiowände in der Abbey Road erwiesen sich als nicht schalldicht. Am Freitag dem 12. Mai spielte Radio London nachmittags längere Auszüge aus dem neuen Album und bereitete nebenbei seinem Ruf, ein Piratensender zu sein, alle Ehre.
Beatles-Manager Brian Epstein und die Plattenfirma ermunterten die Presswerke zu höherem Tempo. Ihre selbst aufer-

Nicht mehr im Gleichschritt: Im August 1969 überquerten die Beatles für ihre letzte aufgenommene LP die Zebrastreifen vor dem Studiogebäude in der „Abbey Road“.

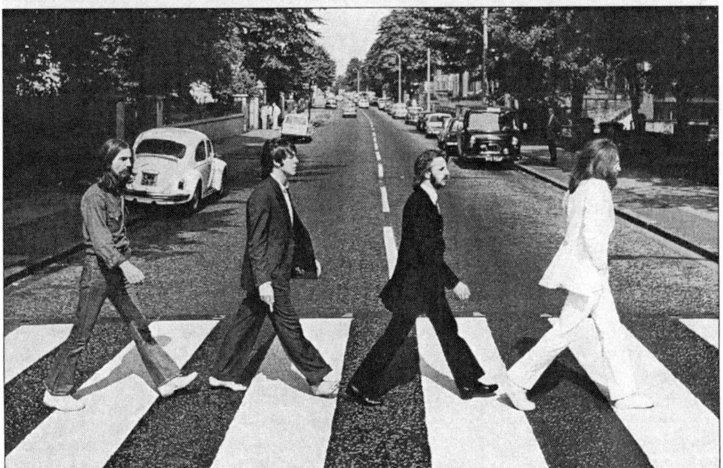

legte Devise lautete, „Pepper“ so schnell wie möglich herauszubringen, bevor allzu viele illegale Mitschnitte kursieren würden. Ein Wettlauf mit der Zeit.

Für den 19. Mai lud Epstein in seinem Haus in der Chapel Street 24 zu einer Party mit handverlesenen Journalisten, um das Album offiziell der Presse vorzustellen. In Anwesenheit aller vier Beatles lief die Platte rauf und runter, dazu gab es ein üppiges Büfett und teuren Wein. Die Fab Four posierten für die Fotografen, darunter auch eine gewisse Linda Eastmann aus New York. Sie wurde auf McCartneys persönlichen Wunsch auf die Gästeliste gesetzt. Linda und Paul („Mann, sieht die gut aus!“) waren sich am 15. Mai im Nachtclub „Bag O’Nails“ zum ersten Mal begegnet. Angeblich verspeiste der Beatle gerade ein Steak mit Pommes, aus den Lautsprecherboxen dröhnte „A Whiter Shade of Pale“ von Procol Harum, als ihm die selbstbewusste Blonde und spätere Ehefrau am Nachbartisch erschien.

Gehübung: Sehr zum Leidwesen genervter Londoner Autofahrer lassen sich Beatles-Fans oft und gern beim Überqueren der legendären Zebrastreifen fotografieren.

Am Samstag, den 20. Mai, moderierte Chris Denning die BBC-Radioshow „Where It's At“, nachmittags von 16 bis 17.30 Uhr. Eingebettet in die Show lief ein vorproduziertes Feature von Kenny Everett, einem waschechten Liverpooler, der am Jahresanfang von „Radio London“ zum „BBC-Lightprogramme“ („BBC-Leichtprogramm“) gewechselt war. „Guten Morgen Hörer! Willkommen zu einer außergewöhnlichen, überraschenden Kenny-Everett-Show“, grüßt John Lennon, schwerzüngig, wodurch auch immer. Zu viel illegale Substanzen? Er stammelt sich weiter zum „swingenden England“ und „vielen Platten“, die gespielt würden. Ein hingegen aufgeräumter McCartney fährt fort: „This is ‚Where It's At‘, Chris. Take it!“ Dazu ertönt der dunkle Schlussakkord aus „A Day In The Life“. In der folgenden Stunde hören die britischen Fans fast alle Songs aus der neuen LP, umrahmt von kosmisch quäkenden Stimmen, Soundeffekten und Interviewtönen von den „weisen Vier“.

Auf den Stufen zum „Allerheiligsten“: Der Autor und dahinter die Studios, in denen die Beatles ihre meisten Platten aufnahmen, darunter auch „Sgt. Pepper's Lonely Hearts Club Band“.

Wallfahrtsstätte: Touristen und Beatles-Fans besuchen täglich die weltberühmten Abbey Road Studios im Nordwesten von London. Aber der Zutritt ist verboten.

Zwischen Everetts zweiteiliger Collage meldet sich Moderator Denning und schwärmt von „drei jungen Wahl-Australiern, die gerade nach England heimgekommen sind", die Bee Gees mit ihrem ersten Hit „New York Mining Desaster", neu auf Platz 17 in den britischen Top 20.
Schließlich hat Kenny Everett erneut das Wort. Sein Feature, selbst ein Kunstwerk, behält den Hörern allerdings einen Song vor: „A Day In The Life", letztes Album-Werk und Zugabe aller Zugaben, klingt den BBC-Programmchefs verdächtig rauschhaft, darf darum nicht ertönen und landet auf dem hausinternen Index.

Ganz England schwelgte jetzt im „Pepper"-Fieber. Von dieser Radioshow elektrisiert, mussten sich Britanniens Käufer jedoch eine knappe weitere Woche gedulden. Aber am Freitag, dem 26. Mai, stand das Album unwiderruflich in den Geschäften, fünf Tage vor dem ursprünglich geplanten Veröffentlichungstermin. Bundesdeutsche Fans konnten ab Dienstag, 30. Mai, zulangen, die US-Amerikaner ab dem 2. Juni. Den legendären Erscheinungstermin „1. Juni" hat es nicht gegeben.

Noch am Veröffentlichungstag schoss „Pepper" in den meisten Ländern auf Platz eins der Album-Hitparaden. Bis Ende August ging es 2,5 Millionen Mal über amerikanische Ladentische, in England avancierte es mit 4,5 Millionen Stück zur bis dahin meistverkauften Langspielplatte überhaupt.
Schon optisch ist die Platte ein Kunstgenuss. Wer sie anfasst, möchte sie besitzen. In knallbunten Pop-Art-Farben prangt das Cover mit den Beatles in Fantasie-Uniformen, stehend vor einer Blumenrabatte, hinter ihnen ihre eigenen Abbilder aus dem Wachsfigurenkabinett von Madame Tussauds. Den kompletten Hintergrund bildet eine Montage von 70 Porträtabbildungen berühmter Persönlichkeiten wie Bob Dylan, Marylin Monroe, Oliver Hardy, Karl Marx, Edgar Allan Poe, Shirley

Temple oder Marlene Dietrich. Automatisch dringt der Betrachterblick in die Tiefe des Bildes, das so seltsam räumlich wirkt. „Pepper's" Cover war keine am Reißtisch zusammengeklebte Collage, sondern eine lebensgroß gestaltete Kulisse. Am 30. März 1967 ließ Fotograf Michael Cooper die Beatles davor posieren, in seinem Atelier in der Flood-Street. Im Ergebnis dieser Foto-Session entstanden hunderte Entwürfe, man entschied sich für den mit direkter Blickkontaktaufnahme der Beatles zum Betrachter.
Auf der Rückseite stehen, zum ersten Mal in der Geschichte des Mediums Schallplatte, Songtexte abgedruckt, schwarz auf knallrotem Untergrund, mit einem zusätzlichen Versprechen: „A splendid time is guaranteed for all!" – „Eine herrliche Zeit ist allen garantiert!", einer Textzeile aus „Being For The Benefit Of Mr. Kite".
Wer nun die Doppelhülle aufklappt, findet sich auf Augenhöhe mit den Beatles wieder. Sie blicken ernst, aber einladend, vor dem vanillegelben Hintergrund zeichnen sich die Uniformen bonbonfarbig ab.

Knappe 40 Minuten dauert „Pepper":

**Ein Trip durch Publikumsgeräusche, erdigen Rock, Love-And-Peace-Romantik, grelle Drogenpoesie, metallisch hämmernde Pianos, Streicherquartetts, flirrende Sitars, unwirkliche Plopp- und Hauchgeräusche, burschikose Gassenhauernostalgie, Blaskapelle, einen tönenden Zoo und wiederkehrendes Hauptthema.**

Und inmitten dieser magischen Landschaften die aufflammenden Stimmen der Fab Four, mal engelsgleich verjüngt – dank Mister Martins Bandbeschleunigung – oder psychedelisch verzerrt. Das waren nicht mehr John, Paul, George und Ringo am Mikrofon, sondern ein gesamttönendes Kunstprodukt, direkt aus den Tiefen ihrer Fantasie, „Sergeant Pepper's Lonely Hearts Club Band". Ein Album, welches die Illusion einer Rockshow suggeriert und die fehlenden Tourneen ersetzen sollte, hatte McCartney vorgeschwebt. Befreit vom Zwang, die Beatles sein zu müssen, wollten sie zurückkehren als Begleitkapelle von „Unteroffizier Pfeffers Club der einsamen Herzen".

Auch optisch ein Meilenstein: „Sgt. Pepper's Lonely Hearts Club Band", das neunte Beatles-Album, gilt noch heute als Soundtrack zum „Sommer der Liebe", 1967.

Befreiung von Zwängen und Direktflüge ins eigene Ich spielten große Rollen in jenem Sommer, und so landeten Lennon und McCartney einen Volltreffer mit ihrem eben dort angesiedelten Schlussthema. „A Day In The Life" – Song Nummer 13 – ist ein umwerfendes Finale, mit dem niemand rechnet, weil man das Album schon beendet glaubt. Und es ist ein surreales Klangkunstwerk, wie kein anderes in der populären Musik. Der Geniestreich aus Verlegenheit entstand in den Januartagen, als George Martin zwei unfertige Songs von den zwei Chefschreibern zusammenmontierte, Lennons „I read the news today" und McCartneys „Woke up, fell out of bed". Über Gitarrenpizzicato und zaghaft anklopfendem Piano schwebt auf einer Hall-Wolke Lennons kindlich verwunderter Gesang:

„Ich las heute die Nachrichten, oh Junge,
über diesen Mann, der es hinter sich hat.
Und obwohl die Nachricht traurig war,
musste ich lachen. Ich sah sein Foto.
Er hauchte seine Seele in einem Auto aus,
er hatte nicht mitbekommen, wie das Ampellicht gewechselt hatte."

Gemeint ist Tara Brown, ein Beatles-Freund aus der Londoner Schickeria, der mit seinem Auto im November '66 in den Tod gerast war. Lennon verarbeitet den Verlust.

„Eine Menge Leute standen herum und schauten.
Sie hatten sein Gesicht schon mal gesehen,
aber niemand war sich sicher,
ob er einer aus dem ‚Oberhaus' gewesen ist."

Brown war ein Urenkel des Bierbrauers Edward Cecil Guinness, vermögend und durchaus eine öffentliche Person.

„Ich sah heute einen Film, oh Junge!
Die englische Armee hatte gerade den Krieg gewonnen.
Eine Menge Leute drehten sich weg.
Aber ich habe zugeschaut,
hatte schon das Buch gelesen.“

Lennons augenzwinkernde Selbstabrechnung mit seiner Hauptrolle in dem Richard Lester-Film „Wie ich den Krieg gewann“, gedreht während der Beatles-Pause 1966, mündet in der verhängnisvollen Zeile:

„I'd love to turn you on“ – „Ich liebe es, euch anzuknipsen.“

Das erinnerte fatal an den amerikanischen LSD-Apostel Timothy Leary und seinem Slogan „Turn on, tune in, drop out“ – „Dröhnt euch an, stimmt euch ein, steigt aus.“ Klarer Fall für die BBC, die den Song sofort boykottierte. Lennon behauptete später, die Zeile sei reines Füllmaterial gewesen.

Heraufziehende Schwellklänge eines großen Orchesters verdüstern die Landschaft. Lennons Stimme – eben noch garniert vom tänzelnden Bass und Starrs stolperndem Schlagzeug – wird verschluckt vom Wahnsinn vierzig verschiedener Instrumente. Alle Musiker holen tief Luft und treiben beim Ausatmen ihre Instrumente vom tiefsten zum höchstmöglichen Ton empor. Das schwindelerregende Crescendo endet jäh, und ein hämmerndes Klavier übernimmt den Song. Ein Wecker klingelt, ein Sprachfetzen schwirrt dazwischen (vom ehemaligen Roadie Mal Evans, der bei einer Demo-Aufnahme den Takt zählen musste).
McCartneys Mittelteil treibt heran, erzählt hell und luftig vom Tagesanbruch:

„Wachte auf,
fiel aus dem Bett,

griff einen Kamm,
fuhr über meinen Kopf.
Fand die Treppe nach unten,
trank eine Tasse,
sah auf,
merkte, ich war spät dran.
Fand meinen Mantel, griff meine Mütze,
schaffte den Bus in Sekunden,
fand die Treppe aufwärts,
rauchte eine,
jemand sprach,
ich fiel zurück in einen Traum."

Diese „Liverpool-Erinnerung an hektische Schulmorgen" (der Songautor) wird abgelöst durch Lennons irreale Stimme, die – in der Stereofassung – vom linken zum rechten Ohr durch den Kopf geistert, und schließlich im zurückkehrenden Orchesterpomp entschwebt.
Durch einen wagnerianisch aufgetürmten Notentunnel führt der Weg hinüber, in die letzte Strophe.
Wieder Lennon:

„Ich hörte heute die Nachrichten, oh Junge!
4.000 Löcher in Blackburn/Lancashire.
Und obwohl die Löcher eher klein waren,
wurden sie alle gezählt.
Jetzt weiß man, wie viele Löcher es braucht,
um die Albert Hall zu füllen."

Ein Bericht der Zeitung „Daily Mail" über den Straßenzustand in Blackburn („40.000 Schlaglöcher") lieferte die Vorlage. Das fantastische Bild mit der „Albert Hall" hat Lennons Chauffeur Terry Doran, beim Songwriting anwesend, beigesteuert.

Ein zweites Crescendo vom Orchester endet im monströsen Lärm, und dann kommt der dramatischste Akkord der Pop-Geschichte: Lennon, McCartney, Ringo Starr, George Martin und Mal Evans schlagen gleichzeitig einen Ton auf drei Klavieren. Achtfach aufeinandergemischt, ergibt er den definitiven Schlussakkord. Apokalyptisch verdröhnt er nach eineinhalb Minuten, verklingt langsam, versickert in allmählicher Stille.

Willkommen, zurück in der Wirklichkeit. „We hope, you've had enjoyned the show", heißt es gegen Ende des Albums. „Wir hoffen, euch hat die Show erfreut."
Hat sie, und zwar beidseitig des Ozeans, nur auf zum Teil unterschiedliche Weise. In Europa feierten Fans und Musikexperten aus allen Lagern „Sergeant Pepper" als brillantes Klangwerk. George Martin bejubelte seine „Hippie-Symphonie". Er sprach von „musikalischen Skulpturen", meinte die Songs, und sprach aus, was alle dachten: Mit dieser LP vollführten die Beatles den Grätschschritt zwischen Pop und Avantgarde und gaben dem Medium „Langspielplatte" eine neue Richtung. Weitere führende Rockbands versuchten sich künftig an „Konzeptalben" und orientierten sich doch immer an den Beatles, ehrfürchtige Verneigung vor vier Musikern im Zenit ihres Könnens.
Ganz anders im sonnigen San Francisco, der Hippie-Hochburg anno '67. Dort wurde „Pepper" zu einem „Gesangbuch" für die Anhänger der Gegenkultur, ja, fast ein Gebrauchsgegenstand. Das Abspielen der Platte verband sich mit Ritualen.

# XI.

## Die Vollmacht über ein „kriegerisches Eingreifen" und „Nette Leute mit Blumen im Haar" – San Francisco im „Sommer der Liebe 1967"

*„Es gab in meinem Leben zwei Ereignisse, die ich nicht vergessen werde: den Kennedy-Mord und, als ich zum ersten Mal ‚Sgt. Pepper's Lonely Hearts Club Band' hörte."*

*Alan Ginsberg, Beat-Poet*

Am 22. November 1963 erlitt die amerikanische Nation den größten Schock ihrer Nachkriegszeit. John F. Kennedy, der amerikanische Präsident mit jugendlichem Charisma und Hoffnungsträger auf Erneuerung, wurde in Dallas/ Texas auf offener Straße erschossen. Kennedy hatte versprochen, die Amerikaner würden noch in diesem Jahrzehnt zum Mond fliegen. Er löste die Kuba-Krise um die Stationierung sowjetischer Atomraketen mit friedlichen Mitteln und zugleich patriotischer Stärke. Er peitschte im Senat ein mit den Sowjets ausgehandeltes Abkommen über den Stop überirdischer Atomtests durch. Er brachte die größte Bürgerrechtsvorlage der Geschichte ins Parlament. Unter seiner Regierung fielen die Rassenschranken an 200 öffentlichen Institutionen. Kennedy versprach Frieden und Reformen und gewann vor allem die Jugend für sein Programm.

Das alles schien mit den tödlichen Schüssen von Dallas nun ausgelöscht. Tatsächlich verbreitete sich weiterer Ungeist von Gewalt nur neun Monate nach dem Kennedy-Mord. Am 2. August 1964 beschossen nordvietnamesische Patrouillenboote angeblich „völlig überraschend" den US-Zerstörer „Maddox". Am 7. August ließ sich Kennedys Nachfolger, Präsident Lyndon B. Johnson, vom Kongress Vollmachten über ein „kriegerisches Eingreifen" erteilen.

Mit so genannten „Vergeltungsbombardements" nordvietnamesischer Städte und Dörfer begann der Vietnamkrieg, das größte Trauma für die Amerikaner im 20. Jahrhundert. Dabei hatte schon die Kennedy-Regierung 16.000 so genannte „Militärberater" ins westlich orientierte Südvietnam geschickt, um den Einfluss des kommunistischen Nordens und der Rebellenarmee „Vietkong" zurückzudrängen.

**In der Luft lag plötzlich eine Atmosphäre von Verschwörung und Verrat, geistiger Treibstoff für eine Gegenkultur der enttäuschten Jugend, zielend auf Protest und Provokation.**

An der Ostküste sangen zornige junge Talente über ihre seelische Befindlichkeit, sie hießen Bob Dylan oder Joan Baez. Botschaften über die eigene Seele als unantastbares Reich der Freiheit schimmerten durch ihre Lyrik, eher selten direkte politische Anklage. Greenwich Village, das Künstlerviertel von New York, mit seinen Coffeeshops und öffentlichen Plätzen, entwickelte sich zum Zentrum dieser Subkultur. Dorthin verschlug es tausende Studenten nach den Vorlesungen und Seminaren. Sie zelebrierten Abschalten und Nachdenken über neue Lebensformen als Gemeinschaftserlebnis.

In den Städten der Westküste, unter dem Eindruck ewiger Sonne, verlief diese Entwicklung exotischer. Beengt vom Alltagsmief ihrer Kleinstädte zogen Mitte der sechziger Jahre Scharen junger Leute nach San Francisco auf der Suche nach dem Paradies. Das Klima in der Stadt war mild, nicht nur des Wetters, sondern auch der allgemeinen Toleranz wegen. Keine industrielle Dunstglocke galt es auszuhalten, wie im teuren Los Angeles, sondern naturgemachten Nebel, der meistens mittags vom Meer heraufzog. Amerikas größte Studieneinrichtung, die Berkeley Universität, bescherte den Mächtigen des Staates ersten politischen Widerspruch in Sachen Vietnam, und das schon 1965: ein sogenanntes „Teach-In" vereinte 30.000 Teilnehmer und 40 Redner. Spontan wurden in den Redepausen Beatles-Songs angestimmt. Liedermacher wie Phil Ochs und der Beatnik-Dichter Allan Ginsberg traten auf und zeigten unbewusst, wie die fantasiereiche Gegenkultur mit Antikriegs-Protesten verschmelzen und ihren Höhepunkt zwei Jahre später, in jenem „Sommer der Liebe 1967", finden sollte. Zum Zeichen ihres Bruchs mit kleinbürgerlichen Konventionen ließen sich viele Jugendliche die Haare lang wachsen. Das hatten sie sich von den Pop-Gruppen abgeguckt, die ja auch durch Äußerlichkeiten aneckten. Man wollte provozieren, und es gelang vortrefflich.

Neben dem „Teach-In" kam es zu so genannten „Be-Ins" und „Love-Ins", Massensitzungen unter freiem Himmel mit Rednern, Musik und wieder Rednern, die nicht immer eine klare politische Linie vorwiesen. Oft ging es um Drogen, freie Liebe und Musik, bis in die tiefe Nacht. Dazu spielten die Szene-Bands Grateful Dead oder Jefferson Airplane. Ihre endlosen Soundkaskaden untermalten die Stimmung, „wenn gerade wieder eine Lastwagen Shit abgeladen wurde" (Gitarrist Marty Balin). Mehr und mehr verwandelte sich der Bezirk „Haight Ashbury" zum Mekka jener Non-Stop-Massenparty. Unweit vom Golden Gate Park kreuzen sich die Haight- und die Ashbury-Street. Billige Wohnungen in einstmals schmucken Häuser viktorianischer Bauart lockten mittellose Immigranten dorthin. In den teils heruntergekommenen Bauten mangelte es an allem: Kanalisation, Stromanschlüssen.

Durch Billigjobs und in Wohngemeinschaften konnten die „Neu-Franciscaner" ihre Mieten aufbringen. Manche auch nicht. Für armutsgefährdete Einwanderer fühlten sich die „Diggers" („Goldgräber") verantwortlich, eine Hilfsorganisation, deren Bezeichnung den Ankommenden pure Ironie entgegenspie: Kamen nicht all die jungen Leute in die Stadt geströmt wie weiland die Glücksjäger im kalifornischen Goldrausch des 19. Jahrhunderts? Äußerlich unterschieden sich die Diggers von niemandem, sie trugen langes Haar und Bärte und zählten sich selbst auch zu den Hippies.

Niemand weiß genau, wann und wo der Begriff „Hippie" entstanden ist. „Hip" zu sein, bedeutet in der Mode zu stehen, auf der Höhe der Zeit. Schon in den fünfziger Jahren nannte sich eine Gruppe linksintellektueller Kommunarden „Hipsters". Allmählich schliff sich der Begriff jedoch ab und übrig blieb „Hippies". Schriftlich nachgewiesen ist das Wort zum ersten Mal in einer Ausgabe der Zeitung „San Francisco Chronicle" vom Januar 1967. Journalist Herb Caen berichtete vom „Golden Gate Be-In" und taufte alle Anwesenden „Hippies".

„Paranoia schlägt um sich,
dringt in dein Leben, wenn du nach Freiheit suchst.
Sie erfasst dich, wenn du in Angst bist,
bricht sich Bahn, wenn diese Männer kommen
und dich irgendwohin schaffen."

Diese Zeilen schrieb Stephen Stills von der Gruppe Buffalo Springfield für den Song „For What It's Worth", frei zu übersetzen mit „Wozu das alles?" Eine rhetorische Frage mit resignativem Anflug. Denn was in San Francisco geduldet wurde, war weiter südlich, in Los Angeles nicht selbstverständlich. Stills erlebte, wie die Polizei eine Hippie-Versammlung, also ein „Happening" brutal auflöste. Ein anderer Betroffener, der Schauspieler Peter Fonda, erinnerte sich: „Ich kam dazu und fand, es hatte überhaupt nichts Politisches. Jeder fühlte sich wohl, redete, wie auf einer Party. Dann kam ein Polizeiaufgebot, stürmte in die Menge und hieb rücksichtlos auf jeden ein. Natürlich wurde ich zuerst verhaftet. Sie zerrten mich in Handschellen vor die Kamera. Ich war ihre Nummer eins!"

Fonda kam nach dem Vorfall sofort wieder auf freien Fuß. Ein „Denkzettel“ war wohl Sinn seiner Festnahme. Berühmtheit konnte damals noch von Nachteil sein.
Unterdessen hoffte Stephen Stills in seinem Song auf öffentliches Interesse für polizeiliche Brutalitäten:

„Halt! Was sind das für Töne?
Alle stehen auf und schauen,
was geht da vor sich?“

**Tatsächlich wirkten Polizeiaktionen kontraproduktiv, etwa, wenn sich kleinere Grüppchen aus Angst nicht mehr zusammenfanden, sondern gleich mit anderen größere Gemeinschaften bildeten.**

Allen Ginsberg beschrieb den Massengeist und die Sehnsucht nach Gemeinsamkeit: „1967 war ein bedeutsames Jahr, weil das einzelne, individuelle Bewusstsein, das von vielen in der Mitte der fünfziger Jahre entwickelt wurde, sich zusammenfand in einem großen Miteinander, so wie wir es in San Francisco erlebten. Auch die Beatles waren für die Jugend der Welt ein Beispiel dafür, dass vier Burschen Freunde sein konnten.“

Am Erscheinungstag von „Sergeant Pepper“ kursierte die Platte in „Haight Ashbury“ als Geheimtipp. Dort gab es zwar allerhand Szene-Shops, aber noch keine Niederlassungen kommerzieller Handelsketten. Grace Slick, die Sängerin von Jefferson Airplane, bekam ein Exemplar von Derek Taylor geschenkt.
Der Beatles-Pressesprecher war gekommen, um zusammen mit den Leitfiguren der Szene ein Pop-Festival zu organisieren, südlich von San Francisco, in Monterey.
„Als ich die Platte hörte, bekam ich ein Gefühl, dass etwas Einmaliges ablief, und ich war mittendrin“, beschrieb Grace Slick ihren ersten Eindruck.

In jenen Tagen, mitten in den Vorbereitungen zum Festival, sah auch ein Beatle nach dem Rechten. George Harrison besuchte „Haight Ashbury“, wurde nicht erkannt, und wandte sich angewidert ab: „Pickelige Gesichter mit glasigen Augen“ habe er gesehen und sich gefühlt „wie in einem Club junger Alkoholiker“. Für den 24-jährigen Grund zu weiterer Nachdenklichkeit. Wieder zu Hause, legte er einen LSD-Tropfen unter ein Mikroskop, betrachtete das bindfadenförmige Gift und befand, „so etwas lasse ich nicht mehr in mein Gehirn.“

Harrison hatte längst seine „Ersatzdroge“ gefunden, die transzendentale Meditation, vermittelt vom indischen Maharishi Mahesh Yogi, der gerade durch England reiste und Vorträge hielt. Zwar war auch der nicht billig, ließ sich seine Seminare mit Pop-Prominenten gut bezahlen, dafür aber weitaus gesünder.

Als der Herbst kam, bröckelte der Frieden in „Hashbury“, wie das Viertel wegen des permanten Haschischrauches inzwischen genannt wurde. Es wimmelte von Drogendealern und anderen Geschäftemachern. Ein neuer Begriff beschäftigte zunehmend Polizei und Drogenfahnder: „Beschaffungskriminalität“. Außerdem gerieten die hygienischen Zustände langsam aber sicher zur Katastrophe. „Da sah es überall gleich aus. Straßen voller Sandalen, Zimmer voller Kakerlaken und Poster an den Wänden, überlaufende Mülltonnen, kalter Haschischrauch und Risse in den Wänden“, beschrieb Pop-Publizist Nik Cohn die Szenerie. Entlang der Hippie-Meile eröffneten Souvenirshops, die Inhaber verkauften bunte Klamotten und andere Status-Artikel der Gegenkultur an Touristen. Die Subkultur wurde allmählich zum kalifornischen Markenartikel und vom Kommerz erdrosselt. Dazu sang der ehemalige Bankangestellte Scott McKenzie die Flower-Power-Schnulze: „Wenn du nach San Francisco kommst, wirst du nette Leute treffen, mit Blumen im Haar.“ Klischees dieser

Art boomten. McKenzies Hymne erreichte weltweit erste Plätze in den Hitparaden.

Anfang Oktober ging der „Sommer der Liebe“ zu Ende mit dem symbolischen „Tod eines Hippies“. Hunderte Blumenkinder zogen mit einem Sarg die Haight Street hinunter, warfen Perlen, Armbänder und andere Kinkerlitzchen hinein.

**Zum Ende der Prozession ging der Sarg in Flammen auf. Die Gegenkultur verbrannte sich symbolisch selbst.**

Während des Feuers ertönte aus aufgestellten Lautsprecherboxen „Sergeant Pepper's Lonely Hearts Club Band“.

## XII.

## 16. bis 18. Juni 1967: Musik, Liebe und Blumen – das Festival von Monterey

*„Viele dachten damals, so etwas Triviales wie Pop-Musik wäre nicht gut genug für ein Festival. Ich glaube, wir haben das Gegenteil bewiesen.“*

*Derek Taylor, Beatles-Pressesprecher*

Nach dem Konzert steht Hitze im Saal. Seine Stimme hat mich beinahe massakriert. Eric Burdon war da, mit den „New Animals“. Er ist bald 60, doch ewig jung klingt sein Gesang. Schneidend fährt er dem Zuhörer ins Mark, wenn Burdon auf der Bühne über „Monterey“ singt:

„Die Menschen kamen und hörten,
einige kamen und spielten.
Alle schenkten sich Blumen.
So war's, da unten in Monterey.

Junge Götter strahlten über der Menge,
ihre Musik – aus Liebe geboren.
Kinder tanzten Tag und Nacht.
Religion wurde wiedergeboren.
Unten in Monterey.

Die Byrds und die Airplane hoben ab,
Ravi Shankar brachte mich zum Weinen.
The Who explodierten in feurigem Licht,
Hugh Masakelas Musik war schwärzer als die Nacht.

Jimi Hendrix gab mir zu verstehen,
dass die Welt in Flammen steht.

Zehntausend elektrische Gitarren
tanzten dazu im Takt.
Unten in Monterey."

Ein nüchterner Situationsbericht, den Burdon immer wieder mit Ergriffenheit vorträgt.
Eine halbe Stunde nach dem Konzert, hinter der Bühne, in irgendeinem Raum, wartet abgekämpft Eric Burdon. Das Starkstrombündel von vorhin ist jetzt ein älterer, erschöpfter Herr, der aus allen Poren schwitzt und dem ein triefendes Handtuch um den Hals hängt.

Pete Townshend: „Zerstörung ist Kunst". In Monterey boten The Who ein explosives Finale. Zu dieser Zeit stand in den britischen Charts ein Mitschnitt ihres energiegeladenen Auftrittes in der britischen TV-Sendung „Ready Steady Go!".

Burdon trinkt Rotwein, und der fließt auch in Strömen bei seinen deutlich jüngeren Musikern. Die sind in glänzender Laune, weil die Security eben zwei Mädchen, höchstens 20, hereingelassen hat. Sie hatten nicht lange warten müssen vor dem abgesperrten Bereich. Groupies – es gibt sie noch!

Burdon wirkt unkonzentriert, bemüht sich aber, alle Fragen deutlich zu beantworten. „Monterey war das Original", sagt er. „Woodstock und alles andere war nachgemacht und kommerziell. Wann gab es schon ein Festival, wo 30 Gruppen zusammen mit dem Publikum auftraten? Das gab es nur in Monterey."

*Freitag, 16. Juni 1967*

In einem irrt sich Burdon: Natürlich spielte Kommerz eine Rolle beim ersten Pop-Festival der Geschichte, das drei Tage dauerte. Denn mindestens zwei gewichtige Geschäftsleute hatten beim Organisieren mitgewirkt: Lou Adler, Film- und Plattenproduzent, sowie Clive Davis, Vizechef des größten amerikanischen Plattenriesen, Clumbia Records.
Ihre Pläne sahen vor, das Festival später in Bild und Ton zu vermarkten. So erschienen mehrere Langspielplatten und ein 85-minütiger Dokumentarfilm, „Monterey Pop", von Regisseur D.A. Pennebaker. Um dem Festival jedoch den Ruch des antikommerziellen Untergrunds zu wahren, ließ man andere Namen glänzen, die der künstlerischen Organisatoren: John Phillips, Songschreiber und Vorsänger des erfolgreichsten Gemischtquartetts der Sixties, The Mamas And The Papas, mit seiner Frau Michelle, Dennis Doherty und der fülligen „Mama" Cass Elliot. Sie hatten bereits im Vorjahr mit „California Dreamin'" eine musikalische Steilvorlage zum Lebensgefühl jener Ära geliefert. Fest an Phillips' Seite stand kein Geringerer als Beatles-Pressechef Derek Taylor, der den Eindruck vermittelte, das Festival sei auch Beatles- , also „Chefsache". Zudem

nährte seine Anwesenheit Gerüchte, wonach sich die Fab Four inkognito im Publikum befänden und bei bester Gelegenheit in ihren bunten Sergeant-Pepper-Kostümen auf die Bühne springen und loslegen würden. Niemand bemühte sich, diese Gerüchte auszuräumen.

Aber die Beatles dachten zehn Monate nach ihrem letzten Konzert im Candlestick Park von San Francisco nicht daran, wieder aufzutreten. Auch die Rolling Stones kamen nicht, wegen eines Gerichtsverfahrens um Drogenbesitz durften sie als Gruppe England nicht verlassen. Und der große Bob Dylan, ausgelaugt vom Non-Stop-Tourstress zweier pausenloser Jahre, verkroch sich in seinem Haus in Woodstock bei New York.

Augenzeuge beim ersten Pop-Festival der Musikgeschichte: Eric Burdon war 1967 in Monterey dabei. Ein Jahr vorher posierte er mit seiner Band, The Animals, in einer spanischen Stierkampfarena (Plattenhülle).

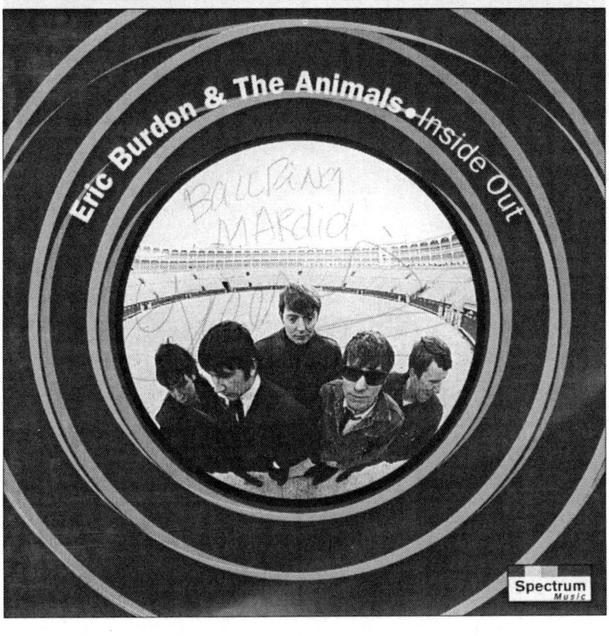

Monterey besaß ein bekanntes Festival- und Ausstellungsgelände, den Fairground County, es bot mindestens 50.000 Besuchern Platz. Akustischen Hochgenuss versprach das nicht, denn es lag direkt in der Einflugschneise des örtlichen Flughafens, und die Beleuchtung für die Landebahn begann noch innerhalb des umzäunten Areals.
Nachdem bekannt war, was da auf die kleine Stadt zwei Autostunden südlich von San Francisco zurollt, wollte Polizeichef Frank Marinello am liebsten die Nationalgarde anfordern und den Ausnahmezustand ausrufen: „Ich habe neun Jazzfestivals hier mitgemacht. Aber als man mir sagte, die Sache würde vier- bis fünfmal so groß wie die Jazzdinger werden, war ich dagegen. Monterey hat 30.000 Einwohner, aber nur 46 vereidigte Beamte!“
Außerdem stieß ihm auf, dass der Gewinn offenbar an die „Diggers“, eine Selbsthilfeorganisation der Hippies in San Francisco, gehen sollte.

Die „Diggers“ kümmerten sich um Jugendliche, die täglich in der Stadt eintrafen und glaubten, abgebrannt und mittellos das „Paradies“ zu finden. Montereys Oberpolizist fürchtete, „der ganze Bodensatz der Szene“ würde heranziehen und seine Stadt in ein Ghetto verwandeln.

Die Organisatoren gingen auf Tuchfühlung und versicherten ihm, alle Künstler würden ohne Honorar spielen und die Gewinne nicht den „Diggers“, sondern anderen mildtätigen Zwecken zugute kommen, einer Klinik, einer Stiftung zur musikalischen Ausbildung schwarzer Kinder in Harlem und dem Sinfonieorchester von Monterey. Schließlich wurde Marinellos Truppe um 100 Mann aus den Nachbarorten verstärkt, wegen des überaus friedlichen Verlaufs am zweiten Festivaltag jedoch wieder abgezogen.

Tatsächlich bleibt der „Bodensatz" zu Hause, es kommen etwa 50.000 junge Leute, unter ihnen echte und so genannte „Modehippies", vor allem aber Studenten aus Friscos' Berkeley-Universität. Sie bezahlen drei bis sechs Dollar Eintritt. Am Freitagabend beginnt das Konzert mit dem Auftritt von The Association, einer Band aus Los Angeles. Sie hatten mit „Along Comes Mary" im Jahr zuvor angeblich den ersten Drogensong der Rockgeschichte geliefert, sowie mit „Cherish" und „Windy" erste Plätze in der US-Hitparade gelandet. Ihr Lauer-Sommerabend-Sound, angelehnt an die Mamas And Papas, bringt das Publikum rasch in romantisch beschwingte Stimmung. Da tritt, gänzlich unerwartet, ein „Killer" auf die Bühne: Eric Burdon, der Arbeiterjunge aus dem englischen Newcastle. Er zersägt Noten und schmettert Rhythm'n Blues wie zu dieser Zeit kein anderer Weißer. Mit „Inside Looking Out" fordert er brüllend körperliche Zuneigung: „Nun sitze ich hier, ein gebrochener Mann. Ich will nicht deine Sympathie, ich brauche deine Zärtlichkeit!"

Er beklagt „Blasen an den Händen und im Herzen" und schreit nach viel Liebe – Liebe! Ekstatische Unterstützung liefern ihm die stark dezimierten Mitstreiter der Animals, welche Burdon nach dem Ausstieg von Keyboarder Alan Price, Gitarrist John Steel und Bassist Chas Chandler – er war in anderer Mission nach Monterey gekommen – umbenennen musste in „New Animals".

Burdon, 1941 geboren, nennt sich selbst „einen weißen Neger". Mit 13 erlebte er seine erste Liebe, sein Girlfriend war ein schwarzes Mädchen. Er singt darüber in „When I Was Young". Seine besten Kumpels im Elendsquartier von Newcastle waren schwarze Gastarbeiter. Sie brachten dem gelegentlichen Werftarbeiter den Blues nahe. Burdon hörte nur noch Bluesplatten von John Lee Hooker und Muddy Waters, und zwar so oft, bis er den Gesang seiner Mississippi-Helden stimmlich genau nachahmen konnte.

Mit einer sensationellen Version der Rolling-Stones-Nummer „Paint it Black“ geht es weiter.

**Burdon wird begleitet von einer Violine. Ihre heulenden Töne umspielen den klagenden Gesang wie Flammen. Rauschhafte Bilder im Bühnenhintergrund illustrieren den Auftritt. Frische Farbe wird auf einen Diaprojektor geträufelt und zerläuft – ein oft angewandtes „psychedelisches“ Stilmittel im „Sommer der Liebe“.**

Nach Umbesetzung der Animals hatte Burdon seinen Wohnsitz am Jahresanfang vom trüben Newcastle ins sonnige San Francisco verlegt. Von der dortigen Subkultur angezogen, dichtete er für „San Franciscan Nights“ diese völkerverbindenden Zeilen:
„Das folgende Programm ist der Stadt und den Menschen von San Francisco gewidmet.

Sie mögen es nicht wissen, aber sie sind wundervoll!
Und so ist auch ihre Stadt.

Dies ist ein sehr persönliches Lied.
Und wenn ihr es nicht verstehen könnt,
liegt es vereinzelt daran, dass ihr in Europa wohnt.
Sammelt euren Atem und fliegt mit ‚Translove Airways'
nach San Francisco, U.S.A.!
Dann, mag sein, versteht ihr dieses Lied.
Die Sache ist es wert,
nicht um des Liedes willen,
sondern für den Frieden in euren Seelen!“

Das Publikum in Monterey dankt herzlich! Burdon, der ein Jahr später im Drogensumpf versinkt und sich erst Anfang der Siebziger daraus befreit, erlebt die Sternstunde seiner Laufbahn.

Den Abend beschließen Paul Simon und Art Garfunkel. In glühendes Rotlicht getaucht, zupft Chefschreiber Simon pizzicato die Gitarre. Lockenkopf Garfunkel sitzt daneben auf dem Schemel und blickt wie ein Collegeboy, der zeigen will, wie brav er seine Lektion gelernt hat. Ihr fröhlicher „59th Street Bridge Song (Feelin' Groovy)" ist eine Momentaufnahme vom New Yorker Alltag, ironischer Seitenhieb auf die Hektik Manhattans, eine besondere Stärke in Simons Lyrik. Bereits in den Fünfzigern hatte das schüchterne Duo unter verschiedenen Namen musiziert. Im Zuge der Dylan-Manie öffneten die Columbia-Bosse Herzen und Kassen, um verstärkt „Folk-Music" zu verlegen. Auch Simon and Garfunkel durften ein Album aufnehmen, das automatisch unter die Kategorie „Folk" fallen musste. Wo sonst, außer in jene Rubrik, sollte Simons fotografische Klampfen-Poesie hineinpassen? „Wednesday Morning 3 a.m." stand jedoch wie Blei in den Läden. Im Übermaß der Dylan-Imitationen jener Zeit fiel sie bei den Käufern durch. Gefrustet flog Paul Simon nach London, um abzuschalten und sich neu zu inspirieren. Er hielt sich mit Club-Auftritten über Wasser. Ein relativ leichtes Unterfangen, denn im „Swinging London" wurde damals an jeder Straßenecke musiziert. Honorige Zuhörer fanden sich fast immer. Auch Kumpel Art Garfunkel soll in London vorbeigeschaut haben.

**Die gemeinsame Gesangeskunst von „Paul und Arthur" – von Fans liebevoll so genannt – besteht darin, ihre zwei Stimmen wie eine Stimme klingen zu lassen. Einer ohne den anderen ist, wie spätere Solo-Produktionen zeigen, immer nur die Hälfte wert.**

Indes nahm sich Columbia-Produzent Tom Wilson das Album nochmals vor, zwecks verkaufsfördernder Veränderungen. Im New Yorker Studio nebenan probte gerade Bob Dylans Begleitband. Wilson bat sie, ein paar elektrische Akkorde ein-

zuspielen. Er nahm sich das Masterband von „The Sound Of Silence“ vor. Er mixte Bass, elektrische Gitarre und ein Schlagzeug dazu und unterlegte das Ganze mit einem Hauch von Hall. Das einst so leise Lied klang jetzt wie „British Beat“. Damit kann man seinen Erfolg am ehesten erklären.
Im traurigen Monat November war's, als Columbia die Single veröffentlicht, und der noch traurigere Simon, jäh in schöpferischer Einsamkeit vom Überraschungserfolg erschreckt, trat die Heimreise an, um ein neues Album aufzunehmen. In kreativer Blitzentladung besangen die nun fröhlichen Freunde „Sounds of Silence“. Ihre zweite LP erschien schon im Februar '66 und erreichte Platz vier der Album-Hitparade. Jetzt war der Erfolg angekurbelt und lief fast automatisch ihnen bis zum Ende des Jahrzehnts nach.

John Phillips persönlich hatte darauf bestanden, Simon & Garfunkel nach Monterey einzuladen. Ihr nach dem „mordgierigen“ Eric Burdon besänftigender Auftritt, eine Art Tischfeuerwerk der schönen Stimmen, schien als „kleine Nachtmusik“ geeignet, den Abend zu beenden. In ihren Schlafsäcken und Wohnwagen oder Hotels (**wer** sich auch immer **was** leisten konnte) entschlummern die 50.000 Monterey-Besucher in Vorfreude auf den zweiten Tag. Viele von ihnen in haschgeschwängerter Glückseeligkeit.

Am Samstag wird es zunächst bluesig: Canned Heat – zu deutsch „Hitze in Dosen“ – ein Slangausdruck für Fusel – sind aus Los Angeles angereist und in jeder Hinsicht eine Attraktion: Der bärtige 130-Kilo-Mann Bob Hite, genannt „der Bär“, und der pockennarbige, verschlossene Gitarrist Al Wilson sind künstlerischer Mittelpunkt der Band. Ihre Musik passt sonst genau in die schwüle Atmosphäre südkalifornischer Kneipen, sie klingt versoffen, schwarz und erdig. Wilson steuert seine Stimme oft in die Tonlage seiner Bluesharmonika. Mit-

unter sind beide Instrumente nicht voneinander zu unterscheiden. Bis zu seinem Tablettentod im September 1970 – er vergiftet sich, angeblich ungewollt, mit Barbituraten – überdauern Canned Heat die Sechziger erfolgreich auf dem unabhängigen Plattenlabel „Liberty".
Mit der Paul Butterfield Blues Band kommt Schwung in den Tag. Mister Butterfield war zwei Jahre vorher bei Folk-Fans in Ungnade gefallen, weil er mit seiner Band den Auftritt von Bob Dylan beim Newport Folk Festival elektrifiziert hatte. „The Big Guru" Dylan, den Verkünder mit Klampfe, zu verrocken, entfachte einen halben Aufstand, man jagte den Meister mit „Judas"-Rufen von der Bühne. Dabei hatte der mit dem Anklemmen seiner Gitarre an einen elektrischen Verstärker gerade Neues kreiert: den Folk-Rock!
In Monterey spielt Butterfield eine Melange aus jazzig launigen Mittelteilen, perkussionsbetont und – zum Zeitgeist passend – mit Kurzausflügen ins Reich indischer Ragas.

Zum Höhepunkt des Tages aber mausert sich ein Mädchen aus Port Arthur in Texas. Janis Joplin, die abtrünnige Tochter eines Texaco-Öldirektors, lebt seit zwei Jahren in Kalifornien, „... weil du hier frei bist und niemand dir in deine Träume redet." Sie ist 24 Jahre, nicht eben prüde, aber eigentlich auch nicht schön, sie hat Haut- und Gewichtsprobleme und sie säuft täglich bis zu einem Liter Whiskey. „Kommt alle nach Kalifornien! Ich geb' euch einen aus!", ruft sie vor laufenden Fernsehkameras.

**Ihr persönliches Motto entstammt der Beatnik-Philosophie: „Lebe schnell, liebe heftig und stirb jung." Sie tut es.**

Chet Helms, ein Konzertveranstalter und Leitfigur der Subkultur, hatte sie mit der Gruppe Big Brother And The Holding Company verkuppelt. Deren harter Rock und Janis' bluesklagende Suche nach Seele und Melodie ergeben eine hitzige Mixtur, der sich in Monterey niemand entziehen kann. Hart hatte sie daran gearbeitet, allabendlich bei Klubauftritten ihre Bühnenshow erweitert. Nun hechelt sie über die Bühne, reißt das Mikrofon vom Stativ und kreischt. „... Als würde sie von der zweiten Etage eines Bordells herunterbrüllen: Kommt rauf!" (Kritiker Alfred Aronowitz). Sie stolziert die Bühne auf und ab, schlägt mit einem Tambourin so heftig gegen ihre Schenkel, dass es schmerzen muss. Ein Zittern, ein Schütteln, mal ist es Würgen, Schreien, dann ein heftiges Lachen. „Ball and Chain", ein alter Song von „Big Mama" Thornton, wird zum Dokument ausgelebter Einsamkeit und Sehnsucht nach Verständigung, die sie sich vom Publikum als Echohall erhofft. Vollständige Hingabe. Ihre raue, starke Stimme vollführt Kellerfahrten, schießt hinauf in den Gipfel höchster Ekstase. Sie kann damit nicht aufhören.

**Nach zwei, drei Songs kommt ihr Motor auf Hochtouren, das Publikum muss nicht nach Zugaben rufen, Janis gibt sie sich selbst.**

Nach ihrem Auftritt ist sie ausgelaugt, und ein Gefühl von Leere unterhöhlt sie, droht, ihr den Boden zu entziehen. Sie betäubt es mit Whiskey und mit Heroin. Sie verschleißt sich. Ein Teufelskreis. Aber dafür hat Monterey seine erste Sensation. Zur Belohnung darf Janis am Sonntagabend noch einmal auftreten.

Den nächsten wichtigen Akzent am Samstagabend setzen die Jefferson Airplane, endlich eine echte San Francisco-Band! Dort ist Musik noch Lebenskultur, während in Los Angeles jeder Sound, egal woher er kommt, stets „Business – Geschäft" genannt wird. Kein Wunder, denn die Stadt ist mit der Anwesenheit von Hollywoods Filmindustrie die Unterhaltungsmetropole schlechthin. Der „Capitol Tower", der Turm der Plattenfirma, ragt phallisch herrschend in den Himmel. Dort

ist die kommerziellste amerikanische Musik entstanden, die Hits von Phil Spector oder von den Beach Boys.
Ganz anders in San Francisco. Jefferson Airplane haben eine Sängerin, Grace Slick. Sie ist schon 27 und verheiratet. Sie sagt: „Wir sind Außenseiter. Wir stehlen, betrügen, verstecken Rauschgift und handeln damit, um zu überleben.“ Auch das unterscheidet die Szenen beider Städte: zwar sind Jefferson Airplane und Greateful Dead führende Acid-Bands in der „Frisco Scene“, doch reich sind sie davon noch nicht geworden. Sie bestreiten ihren Lebensunterhalt durch den Vertrieb illegaler Substanzen. Und so waren Kaliforniens Musikgruppen damals oft nichts anderes als verschworene Gemeinschaften von Drogendealern.

„Paul und Arthur“: 35 Jahre nach Monterey erschien dieser Mitschnitt eines Live-Konzerts von 1967 in New York.

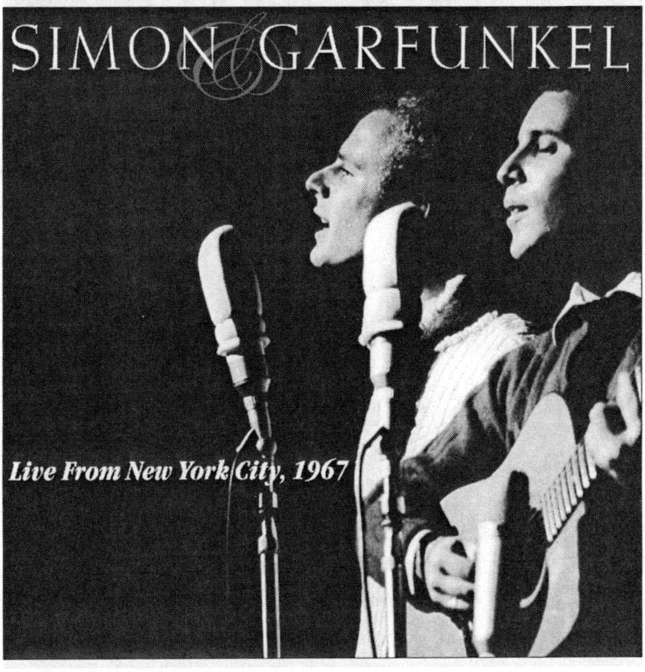

Marty Balin, Paul Kantner und Grace Slick sind die Songschreiber bei Airplane, begnadete Talente mit den Ohren am Puls der Zeit. Ihr Stück „Runnin' Round This World" beschreibt „den fantastischen Spaß eines Geschlechtsakts unter LSD" (Balin) und ihr gerade aktueller Hit „White Rabbit" eine wundersame Drogenfahrt hinüber zu „Alice im Wunderland":

„Eine Pille macht dich größer,
eine andere macht dich klein.
Frag Alice, wenn sie zehn Fuß groß gewachsen ist.
Füttere deinen Kopf!"

Ihren tiefsten Eindruck in der herandämmernden Nacht an jenem 17. Juni beschreibt Grace Slick heute so: „Für einen winzigen Moment in der Geschichte fand in Monterey eine Verschmelzung statt. Polizisten und Hippies teilten eine Erfahrung miteinander. Ich glaube nicht, dass an diesem Wochenende irgend jemand festgenommen wurde. Die Polizisten übersahen die Potraucher, obwohl es davon eine Menge gab. Aber es gab keine Verhaftungen. Es war eine wundervolle Erfahrung für jeden, der dort war."

Um Mitternacht serviert Otis Redding dunkelschwarzen Soul, angetrieben von einem blaskräftigen, funkelnden Orchester. „This is the love crowd, right?", fragt er misstrauisch ins Publikum. „Die ist die liebende Masse, stimmts? Und wir alle lieben uns?" Auf dem Gebiet Flower Power und freier Liebe hat der schwarze Meister aus Georgia wenig Erfahrung. Er sieht sich in der Tradition von Chuck Berry und Little Richard. Seine vor Südstaatenhitze triefenden Songs erreichen sogar die Top 40 der weiß dominierten Pop-Charts.
Vom Erfolg in Monterey inspiriert, schreibt er kurz darauf seinen schönsten, sehnsüchtigsten Song:

„Ich sitze in der Morgensonne.
Ich verließ mein Haus in Georgia.
Ich bin ganz oben an der Frisco-Bucht.
Ich habe nichts mehr, wofür ich lebe.
Ich glaube, es kommt auch nichts mehr.
Ich sehe die Wellen fortgleiten."

Ein halbes Jahr nach seinem Auftritt, am 10. Dezember 1967, stürzt sein nagelneues Privatflugzeug beim Landeanflug auf Madison/Wisconsin in einen See. Keiner der Insassen überlebt. Unter den Toten sind Otis Redding und fünf weitere Musiker. „Sitting On The Dock Of The Bay" wird postum sein erster und einziger Millionenhit.

Am Sonntag sollte ein Höhepunkt den nächsten jagen. Zuerst weckt Sitar-Zirpen in der Mittagssonne die langschläfrigen Besucher. Ravi Shankar tritt auf, indischer Musikdozent, Professor am New York City College und als solcher auch Lehrmeister von George Harrison, der ihn später den „größten lebenden Musiker auf diesem Planeten" nennt.
Shankar wollte nicht zwischen den Rockbands spielen und so reservierten die Veranstalter den Sonntagnachmittag komplett für ihn. Mit seinem „Raga Bhimpala" übertönt er sogar den Lärm herannahender Flugzeuge und versetzt das Publikum in meditative Stimmung. Er weiß nur zu gut, dass die indischen Sprenkel in Songs von den Beatles oder Byrds verglichen mit der spirituellen Raga-Musik oberflächliche Klangeffekte darstellen. Es bedurfte auch nicht George Harrisons „Within You, Without You", um an der Westküste Fernöstliches zu verbreiten. San Francisco hat mit Chinatown das größte Chinesenviertel der westlichen Welt, außerdem ein japanisches und indisches Wohnviertel. Exotische Musikinstrumente, darunter auch Sitars, hingen in den Schaufenstern sämtlicher Musikshops jener Gegenden.

Regisseur Pennebaker hat Shankars Auftritt in seinem Monterey-Film ausgiebig in Szene gesetzt und ans Filmende geschnitten. So wirkt er wie ein besinnlicher Abschluss nach dem knallbunten Furioso dieser drei Tage. Doch tatsächlich ist er die Ruhe vor dem stürmischen Finale.
Mit hereinbrechender Dunkelheit betreten The Who die Bühne. Britanniens berüchtigte Band neben den Beatles und den Rolling Stones bestand gerade erfolgreich einen Imagewechsel, von den wütenden Idolen der modisch koketten Mod-Bewegung hin zu einer schrill bekleideten Flower-Power-Formation. Musikalisch deuten sie auf ihrer hervorragenden LP „A Quick One" die künftige Richtung an. Chefschreiber Pete Townshend brachte mit „A Quick One/While He's Away" ein Neun-Minuten-Stück auf Rille, zwei Songs in einem, eine Vorahnung auf den grandiosen Songzyklus „Tommy" – zwei Jahre später.
Für Humor und Abwechslung bei Who-Auftritten sorgen alle vier Akteure: Sänger Roger Daltrey hüpft umher wie auf Sprungfedern, Gitarrist Townshend vollführt Gitarrengymnastik in der Spielart „Windmühle und Spagat", Bassist John Entwistle steht versteinert und zupft sein Instrument, Keith Moon bearbeitet seine Trommeln bei pausenlosen Mätzchen.
Townshend hatte Moon in einem Club entdeckt, als dieser sein Schlagzeug verdrosch, bis es in sich zusammenfiel. Sowas imponierte ihm. Ursprünglich nannte sich die Band aus Londons Stadtteil Shepherds Bush „The Highnumbers". So die Legende will, kam es nach einem Probetermin bei der Plattenfirma Polydor zur Umbenennung:

**„Wir sind bestellt. Wir sind die Highnumbers", meldeten sich die vier beim Pförtner. Der mürrische Alte sah die langen Haare und raunzte zurück: „Die Wer?" – „The Who?" Wenn das nicht stimmt, ist es immerhin genial erfunden.**

**Bei einem Club-Gig war die Bühne derartig eng und die Decke niedrig, dass Townshend fortwährend mit dem Gitarrenhals an den Beton stieß. Nach einer Weile platzte ihm der Kragen und er zerschlug das Instrument vollständig auf dem Boden. Manager Kit Lambert kam die originelle Idee: „Jungs, das ist es. Schlagt zum Schluss immer alles kurz und klein. Sowas macht Eindruck." Gesagt, getan.**

„Autodestruction" nannten die Who-Mitglieder ihr von nun an obligates Zerstörungsfinale. Townshend versuchte, dem eine künstlerische Note zu geben. Ihre Musik sei die Antwort auf Pop-Art, wo ja auch Trümmer und Partikel von Gebrauchsgegenständen zum Kunstobjekt erkoren würden. Meistens zerlegten The Who ihr Instrumentarium beim Spielen ihrer Zornes-Hymne „My Generation", auf Konzerten die letzte Zugabe:

„Die Leute versuchen uns niederzumachen,
weil wir herumziehen.
Hoffentlich sterbe ich, bevor ich alt werde."

Noch deutlicher konnte der Slogan „Trau keinem über 30" nicht ausgelegt werden. Auch in Monterey trafen sie damit den Nerv der jugendlichen Masse, wenngleich viele diesen furchtbaren Gewaltakt gegen unschuldige Gitarren und Verstärker schockierend fanden. Pennebakers Film zeigt spritzende Splitter bei der „Hinrichtung" von Townshends Gitarre, eine Rauchbombe explodiert, Sänger Daltrey dreht sich wie ein Kreisel, Drummer Moon tritt gegen seine Drumkits, bis sie scheppernd umstürzen. Das Werk ist getan. Alle haben Verständnis, dass die nächste Umbaupause etwas länger dauert.

Nur noch einer konnte die destruktive Show der Who steigern: Jimi Hendrix aus Seattle, seit einem halben Jahr mit festem Wohnsitz London.

Brian „Chas“ Chandler, Bassist bei Eric Burdon, hatte den damals noch unbekannten Musiker auf seiner letzten US-Tour mit den Animals in einem Coffeeshop gesehen, im New Yorker Künstlerviertel Greenwich Village. Von der Bühnen weg heuerte er ihn an und versprach, den schüchternen Gitarrero von England aus groß rauszubringen. Um die Jahreswende 1966/67 traf Chandler, der sich von den Animals trennte und als Manager verdingte, mit seinem Schützling im „Swinging London“ ein. Innerhalb von vier Monaten setzte sich The Jimi Hendrix Experience mit Gitarrist Noel Redding und Drummer Mitch Mitchel in der Londoner Szene durch. Mit „Hey Joe“, „Purple Haze“ und „The Wind Cries Mary“ bliesen sie dem britischen Frühling frischen Wind ein. Die drei Songs platzierten sich unter den ersten zehn in der Verkaufshitparade. Ein Auftritt im Bremer „Beat Club“, der „ersten Sendung im deutschen Fernsehen für Beat-Musik“ (Ansager Wilhelm Wieben), sorgte für schlagartige Berühmtheit auf dem Kontinent. In der höchst intim wirkenden Atmosphäre des Marquee Clubs ließ Regisseur Michael Leckebusch diese erste und einzige Folge aus London aufzeichnen. Hendrix spielte die Gitarre mit den Zähnen, mit der Zunge und lancierte seine Songs über Nacht auch in die deutschen Charts: Platz 21 hieß es im April für sein Debüt „Hey Joe“.

Spätestens am Sonntagabend zerstieben letzte Gerüchte, die Beatles seien anwesend. Keiner der Fab Four gibt sich die Ehre, aber ganz unschuldig sind sie nicht am Auftritt des neuen Gitarrenwunders!
Paul McCartney fand, dass Hendrix „einfach nur der Größte“ sei, und beschwor den Beatles-Pressechef Taylor, ihn für Monterey zu engagieren. Eigens um ihn anzusagen, reiste ein echter Rolling Stone nach Kalifornien. So kommen doch noch „Supergroup“-Gefühle auf! Brian Jones erklimmt die Bühne und präsentiert „my friend Jimi Hendrix“. Mit „Hey Joe“ tastet sich

dieser ans Publikum heran, spürt wachsende Sympathie, spielt „Killing Floor", Bob Dylans „Like A Rolling Stone" und entlockt seinem Instrument Töne, die nie zuvor ein Mensch gehört hat. Mal tönt ein ganzes Orchester aus den Saiten, mal verzweifeltes Schreien, verstummendes Klagen oder liebkosendes Streicheln. Mit „Wild Thing" treibt sich Hendrix zum Höhepunkt. Er traktiert sein Instrument am Marshall-Verstärker, wirft es auf den Boden, beugt sich darüber, spritzt eine Flüssigkeit darauf, entzündet ein Streichholz und setzt es damit in Brand. Dann zerschmettert er die brennende Stratocaster auf dem Boden und wirft die Trümmer ins Publikum. Pennebakers Film zeigt Besucher, denen vor Entsetzen die Kinnlade herunterklappt. „Wir leben Gewalt auf der Bühne aus, damit die Leute sie nicht auf die Straße tragen", erklärt der Meister später in der amerikanischen Fernsehshow von Dick Cavett und bekennt, er sei während des Zerstörungsaktes „in Trance" gewesen.

Über Nacht zum Superstar: Monterey brachte für Jimi Hendrix den internationalen Durchbruch. 1967 erschien die erste LP der Jimi Hendrix Experience.

Hendrix' Auftritt wirkte nach wie Donnerhall, und trotzdem muss das Publikum einen weiteren Auftritt der „Mamas And Papas" über sich ergehen lassen. Denkbar ungeeignet auch der Schlussakkord mit Scott McKenzie, aber „San Francisco" war eine Komposition von Organisator John Phillips, und die Mamas And Papas nun mal seine Band. Hausherrenrecht!
Am Sonntag, dem 18. Juni 1967, kurz vor Mitternacht, fällt die Bilanz der Veranstalter positiv aus: Das erste Pop-Festival der Geschichte endet lammfroh ohne Tote und Verletzte und hat 430. 000 Dollar eingespielt. Auch Clive Davis ist zufrieden und lenkt seine Firma Columbia vollständig um auf Pop-Musik. Seine Absicht, Monterey als Casting-Bühne zu benutzen, damit amerikanische Pop-Musik die „britische Invasion" zurückdrängt, ist geglückt: Jimi Hendrix und Janis Joplin sind über Nacht zu Superstars geworden. Sie dürfen bei fast keinem Festival mehr fehlen. Und davon sollte es bis 1969 noch sehr viele geben.

Größter Showdrummer aller Zeiten: Who-Schlagzeuger Keith Moon starb 1978 an den Folgen seiner Trunksucht. Dieser Gedenkstein steht im Londoner Museum „Rock Circus“.

# XIII.

## 1968: „Was kann ein armer Junge tun, außer in einer Rock'n Roll Band zu spielen?" – Gewalt, Gegengewalt und die Ohnmacht der Musik

*„Für die Stones war revolutionärer Heroismus stets lediglich eine Pose und der Rock'n Roll nur ein wenig Paprika auf dem atomaren Fernsehabendbrot."*

*Stanley Booth, amerikanischer Musikkritiker*

Der erste Sündenfall, der den Traum vom friedvollen Aufbegehren tötete, geschah am 2. Juni 1967 in Westberlin. Ein dienstbeflissener Polizeiobermeister namens Karl-Heinz Kurras erschoss an jenem Freitag den Studenten Benno Ohnesorg in einem Hinterhof der „Deutschen Oper". Im Innern des Gebäudes lauschte der iranische Monarch Resah Pahlewi mit seiner Gattin Farah Diba den Klängen von Mozarts „Zauberflöte".

Die Schah-Visite, in der Geschichte verewigt als „Polizei-Staatsbesuch", zog in der ganzen Bundesrepublik Demonstranten auf die Straße, vor allem aber in Westberlin. Keine Frage, der Schah war ein Diktator und unterdrückte grausam die Opposition im eigenen Land. Doch noch andere Gründe gab es zum Protestieren. Auf einigen Transparenten stand: „Kein persisches Öl für amerikanische Bomber in Vietnam!"

Und Rudi Dutschke, charismatischer Sprecher des „Sozialistischen Deutschen Studentenbundes" (SDS), rief seinen Zuhörern am Vortag zu: „Nicht morgen, am bedeutungslosen 2. Juni, geht es um Vietnam, sondern morgen, beim Schah-Besuch, geht es um Vietnam!"

Einfachste Formeln, fast stakkatohaft kurz, impulsiv vorgetragen und für jedermann verständlich – dieses rhetorische Kunststück beherrschte Dutschke wie kein anderer Redner der „außerparlamentarischen Opposition". Er mobilisierte tausende

Studenten, stand oft mit in der ersten Reihe und unter seinem dichten schwarzen Haar glühte manchmal so etwas wie ein Che-Guevara-Blick.
An jenem Tag war auch Benno Ohnesorg in der Menge, ein sanfter 26-jähriger, der nach den Worten seiner Kommilitonen Gewalt verabscheute. Schon am Nachmittag kam es zu Unruhen, als vor dem Schöneberger Rathaus so genannte „Jubel-Perser" mit Stahlruten und Holzlatten gegen Demonstranten vorgingen. Die bestellten Schah-Anhänger gehörten meist zum iranischen Geheimdienst. Berittene Polizei stand in den Nebenstraßen, hielt sich jedoch provozierend lange zurück. Dann endlich preschten die ersten Ordnungshüter heran, hoch zu Ross, und hieben nicht etwa auf die „Jubel-Perser" ein, sondern auf die Demonstranten. Gewalt erzeugt Gegengewalt, mit „Blumen und Liebe" war hier nichts mehr auszurichten. Es flog der erste Stein.

Am Abend, vor der „Deutschen Oper", warteten wieder die Demonstranten, wieder die Schah-Anhänger. Der Monarch und seine schöne Gattin fuhren vor. Sie verschwanden in der Oper, begleitet von Buh-Rufen. Um 19.57 Uhr schlossen sich die Türen des Hauses. Eine Live-Reportage im Radio fing die Stimmung ein: „Sein Wagen wurde unter das Überdach der Oper gefahren, damit ihn die Eier und Tomaten, die geworfen werden, nicht erreichen. Die Straße sieht bereits aus wie ein Schlachtfeld. Zwischen der Polizei und den Demonstrierenden kam es bereits zu mehreren Handgreiflichkeiten. Und es war leider festzustellen, dass die Polizei auch heute wieder einen recht nervösen Eindruck macht. Sie hat auf einzelne Personen mit mehreren Leuten eingeschlagen, nicht nur mit ihren Gummiknüppeln, sondern auch mit Fußtritten. Dieses habe ich selbst gesehen."
Nun gab Polizeipräsident Erich Duensing den Befehl „Knüppel frei, räumen!" Es trat in Kraft, was Duensing die „Leber-

wursttaktik“ nannte: „In die Mitte hineinstechen und zu beiden Seiten herausdrücken.“ Rücksichtslos stürmten Polizisten ins Zentrum der Menge. Fliehende Studenten wurden von Rollkommandos abgefangen, verprügelt und verhaftet. Panisch floh auch Benno Ohnesorg, glaubte an ein Versteck im Hinterhof und fand sich wieder in einem Knäuel von Polizisten, die ihn rücksichtslos verdroschen. Ein Augenzeuge, ein durch Glück verschonter Demonstrant, berichtet tags darauf im Fernsehen: „Ich stand am Rande dieses Hofes und hab dann gesehen, wie eine Traube Polizisten um diesen Mann mit dem roten Hemd herumgruppiert waren und auf ihn losschlugen. Und dieser war völlig wehrlos. Er lag noch nicht auf dem Boden, wurde so halb gehalten. Er konnte kaum fallen, weil die ganz dicht auf ihn heraufdrängten und ihn prügelten. Er war völlig passiv. Und dann habe ich plötzlich das Mündungsfeuer von der Pistole gesehen und den Knall gehört. Im nächsten Moment habe ich gesehen, wie er halb hinter einem Auto auf dem Boden lag und sich nicht mehr regte.“ Benno Ohnesorg starb noch am Tatort. Der Schütze gab später an, „in Notwehr“ getötet zu haben, und wurde freigesprochen. Empörung und Wut erfasste weite Teile der Öffentlichkeit. SDS-Anhänger sahen den Beweis erbracht, der „Faschismus in den Köpfen“ sei noch höchst lebendig.

**Es war der Beginn einer Radikalisierung politischer Ansichten, die im Jahr darauf ihren vorläufigen Höhepunkt erreichte.**

„Junge Leute fragen nicht, was man darf und kann.
Junge Leute sehen die Welt mit eig'nen Augen an.
Und ist diese Welt auch oft fern der Wirklichkeit,
wo ist der, der ihnen nicht lächelnd das verzeiht.“

So tönte es zur gleichen Zeit in deutschen Hitparaden. „Mit 17 hat man noch Träume“, behauptete Schlagersternchen Peggy March, die privat am liebsten die Rolling Stones hörte. Glaubten sich Songtexter mit solchen Phrasen am Puls der Zeit? Nicht nur deutsche Schlager lösten sich wie aufgeweichte Abziehbilder von der Wirklichkeit.

Zum Jahresende sahen die Fernsehzuschauer einen paradoxen Film der Beatles: „Magical Mystery Tour" flimmerte den Briten am zweiten Weihnachtstag ins Haus. Drehbuch und Regie: Paul McCartney. Natürlich waren die Erwartungen hoch, zwei Jahre nach dem letzten Spielfilm der Fab Four unter Regie von Richard Lester, „Help!" Würde die „magisch-mysteriöse Reise" so hochwertig ausfallen wie ihre Musik auf „Sergeant Pepper"? Programmzeitschriften stilisierten den Film in der Programmvorschau zum „nationalen Fernsehereignis". Aber schon kurz nach acht Uhr abends stellte sich Ernüchterung ein, der Film kam nicht auf Touren. Verzeihlich noch die ersten zehn Minuten, doch dann kam nur gequirlte Langeweile. Die Beatles inmitten einer halbbesoffenen Busgesellschaft, „wir vier fahren irgendwohin", keiner weiß, wohin, das größte Mysterium des Films. Ringo Starr im Dauerstreit mit seiner dicken Tante Jessie. War das witzig? Plötzlich die „weisen Vier" als Zauberer in einem brodelnden Labor. Aus der Ferne observieren sie das Fahrzeug, keiner weiß, warum, beständig nervend fragen sie andauernd: „Where ist the Bus?" Was soll das? Einzig die Musikeinblendungen, „Fool On The Hill", „Flying", „Blue Jay Way", „I Am the Walrus" und „Your Mother Should Know" sind zeitlose Clips.
Am nächsten Tag verriss die Presse den Film einhellig und meinte, die Beatles hätten sich wohl übernommen. So endete die psychedelische Phase der berühmtesten Band der Welt am Jahresende in einem Bilderbrei ohne Handlung.

Weitaus realistischer flimmerten Bilder vom Geschehen in Fernost in die Wohnstuben. Vietnam hatte sich zum ersten

„Fernsehkrieg“ entwickelt. Am 30. Januar, dem buddhistischen Neujahrsfest, starteten der Vietcong und die nordvietnamesische Armee eine Großoffensive, um eine entscheidende Wende herbeizuführen. 15.000 Vietcong-Kämpfer umschlossen Saigon, die Hauptstadt des Südens. Ein amerikanischer Fernsehreporter berichtete live aus dem Garten der hart umkämpften US-Botschaft.
Im Kriegsrauch düsterer Vorahnungen zeichneten sich deutlich die Umrisse einer Gewaltspirale ab.
Stellen wir uns das Jahr 1968 als Zifferblatt vor, ziehen die Uhr in unserer Vorstellung auf, und sie beginnt zu ticken. Der Zeiger nimmt für die Dauer einer Stunde seine Bahn und signalisiert fast jede Minute einen Anschlag auf die Menschlichkeit:

**16. März:** Amerikanische Soldaten verüben in dem südvietnamesischen Dorf My Lai ein Massaker an Zivilisten. Sie ermorden 507 Menschen unter dem fadenscheinigen Verdacht, mit dem Vietcong zu kollaborieren. Dieses Kriegsverbrechen markiert endgültig den moralischen Bankrott der USA in Indochina.

**3. April:** Vier radikale Anhänger der „außerparlamentarischen Opposition“ verüben Brandanschläge auf zwei Kaufhäuser in Frankfurt/Main. Andreas Baader, Gudrun Ensslin, Thorwald Proll und Horst Söhnlein werden zwei Tage später gefasst. Ihr Tatmotiv: Sie wollten ein Zeichen gegen „Konsumterror“ setzen und „ein Stück Vietnam nach Deutschland holen“.

**4. April:** Martin Luther King, Führer der schwarzen Bürgerrechtsbewegung, wird in Memphis/Tennessee Opfer eines Attentats. Um 18.01 Uhr Ortszeit trifft ihn eine Kugel auf dem Balkon des „Lorraine Motels“ direkt in den Hals. Eine Stunde später stirbt der Friedensnobelpreisträger im Krankenhaus. Der Attentäter flüchtet nach Europa, wird am 8. Juni in London aufgegriffen und in die Staaten ausgeliefert. Seine Motive sind bis heute unklar.

**11. April:** Vor dem SDS-Büro am Kurfürstendamm feuert der 23-jährige Hilfsarbeiter Josef Bachmann auf Rudi Dutschke und verletzt ihn schwer. Tatmotiv: Er könne „keine Kommunisten leiden". Dutschke stirbt elf Jahre nach dem Anschlag an den Folgen.

**12. bis 15. April:** Karfreitag bis Ostermontag. In vielen großen westdeutschen Städten kommt es zu Protesten gegen das Dutschke-Attentat. Am gewalttätigsten verlaufen sie in Westberlin. Aufgebrachte Demonstranten belagern das Springer-Hochhaus in der Kochstraße, setzen Autos in Brand, weil sie die Springer-Presse als „geistig mitschuldig" empfanden.
Auf der anderen Seite der Mauer begrüßt DDR-Staatschef Walter Ulbricht die Unruhen und bietet eine deutsche Wiedervereinigung „unter sozialistischen Vorzeichen" an.

**10. Mai:** Frankreich vor dem Kollaps. Etwa sieben Millionen Franzosen legen aus Solidarität mit demonstrierenden Studenten die Arbeit nieder. Der Generalstreik lähmt das gesamte öffentliche Leben. Der Staat steht vor dem Zusammenbruch. Präsident Charles de Gaulle verschwindet für Tage von der Bildfläche, flieht in eine französische Militärbastion im Ausland. Studentenführer Daniel Cohn-Bendit, ein 23-jähriger Deutsch-Franzose, und seine Anhänger fordern umfassende politische Reformen. Die Polizei kesselt 5.000 Demonstranten im Studentenviertel Quartier Latin ein und setzt Tränengas ein. Erst die Auflösung der Nationalversammlung am 30. Mai lässt allmählich Ruhe einkehren.

**5. Juni:** Robert Kennedy, Bruder des ermordeten Präsidenten, wird ebenfalls bei einem Attentat getötet. Wenige Minuten nach dem Sieg bei den Vorwahlen zur Präsidentschaftskandidatur der Demokraten feuert ein Jordanier auf dem Korridor eines Hotels acht Mal auf Kennedy, zwei Schüsse, in Kopf und Schulter, treffen ihn tödlich.

Auf Platz 1 der Hitparaden im globalen Frühlingssturm schöngeistert melodiöse Fröhlichkeit: Old „Satchmo" Louis Armstrong singt mit gewohnt kratziger Anti-Stimme „What A Wonderful World" – „Welch wunderbare Welt!" So absurd wie der Song wirkt, er hat seine Berechtigung:
Musik findet ihre ureigenste Funktion zurück und unterhält wieder. Und sie lenkt ein wenig ab. Schlagsahne für das von Terrormeldungen strapazierte Ohr. Diese Wirkung erinnert an unpolitische, zuckersüße Filmrevuen der Kriegsjahre, als alliierter Bombenhagel deutschen Städten das Inferno brachte. Nur mit dem Unterschied, dass dem einstigen Ghetto-Kind Armstrong Ehrlichkeit zu attestieren ist, wenn er angesichts persönlicher Erfolge an die „schönen Seiten des Lebens" denkt. Untergegangen ist die Welt 1968 nicht.

Dennoch findet sich Zeitgeist in einigen Songs dieses Jahres, wenn auch weniger in den großen Hits. Eine Gruppe namens Thunderclap Newman, gemanagt und produziert von Who-Chef Pete Townshend, konstatiert: „Da liegt was in der Luft" („Something In The Air"):

„Schreit die Namen der Anstifter heraus,
denn da liegt was in der Luft!
Wir werden früher oder später alle zusammenkommen,
denn die Revolution ist hier!
Und ihr wisst, es ist richtig."

Das klingt gut, so wie der gesamte erste Teil vom Lied. Eine aufstrebende Melodie, dazu eindeutige Verse. Doch dann kommt dieser Mittelteil, der alles verwäscht: ein dumpf schlagendes Klavier droht dunkel, verliert sich aber bald im Boogie-Woogie-Rhythmus, bevor ein helles Streichorchester das Hauptthema übernimmt, flankiert von schicken Bläsern! An dieser Stelle stirbt die Idee des Liedes.

**Die „Revolution" erstickt in Zuckerwatte. Produktionsunfall oder bewusster Kunstgriff? Im historischen Kontext erscheint „Something In The Air" heute wie eine Parodie.**

Auch die Rolling Stones griffen die achtundsechziger Unruhen auf und pressten „Street Fighting Man" auf ihr im Dezember erschienenes Album „Beggars Banquet". Sie gaben sich betont skeptisch:

„Überall höre ich den Schall marschierender, angreifender Füße, oh Junge!
Denn der Sommer ist da und die Zeit ist reif für Straßenkämpfe, oh Junge!
Aber was kann ein armer Junge tun, als in einer Rock'n Roll Band zu spielen?
Denn in der schlafenden Stadt London ist kein Platz für Straßenkämpfer.
Nein!

Hey, denke, die Zeit ist reif für eine Palastrevolte.
Aber da, wo ich lebe, sind Kompromisse die einzige Lösung.
Nun also, was kann ein armer Junge tun,
außer in einer Rock'n Roll Band zu spielen?
Denn in der schlafenden Stadt London ist kein Platz für Straßenkämpfer.
Nein!"

Das klingt nach:

„Wir würden gerne mitmachen, aber wo wir sind, passiert nichts." Andererseits: Würde man dem eitlen Mick Jagger, Inbegriff des kommerzorientierten Rockstars, den schreienden Revolutionär abkaufen? Übertreibt er nicht, wenn er behauptet: „In den sechziger Jahren waren wir eine Gruppe für die revolutionäre Jugend der Welt. Wir kämpften mit Musik und Marihuana gegen den schmutzigen Krieg der Amerikaner in Vietnam"?
Unentschlossenheit in Lennonscher Einfachheit demonstrierte der Song „Revolution" auf dem Weißen Album der Beatles im November '68:

„Du sagst, du willst eine Revolution.
Du weißt doch, wir alle wollen die Welt verändern ...
Aber wenn du von Zerstörung redest,
weißt du nicht,
dass du mich ein- und ausschließen kannst?"

Was sich auf Deutsch sperrig liest, schreibt sich im englischen Original ganz simpel: „don't you know, that you can count me out – in."
Lennon war sich nach eigenem Bekunden wirklich nicht sicher, ob er grundsätzlich immer gegen Gewalt sei, und spielte daher mit beiden Möglichkeiten. Mit verschunkelten „Schubi-Doo"-Gesängen der anderen Beatles im Background geht der gewiss auch nicht ganz ernst gemeinte Song zu Ende.
In der ersten Version, auf der B-Seite der schon im August veröffentlichten Single „Hey Jude", eröffnet Lennon zu Beginn ein Sperrfeuer übersteuerter Gitarren, wirklich revolutionär! Aber im Text lässt er keine Unklarheit aufkommen mit „you can count me out".

Unsere imaginäre Jahresuhr schlägt heftig fünf vor zwölf. Erneut schrecken wir auf, Panzerketten rasseln durch den Zeit-

tunnel zu uns. Wir schauen aus dem Fenster und sehen in Gedanken ein Bild, das Ostrocklegende Klaus Renft damals real gesehen hat:
„Ich hatte gerade Urlaub im Vogtland gemacht. Und dann nachts, das donnerte, und da bin ich ans Fenster gegangen, das ganze Haus vibrierte, wo wir da geschlafen haben. Und da fuhren unten auf der Straße Panzer und gepanzerte Fahrzeuge in Richtung tschechische Grenze, die war bloß zwei Kilometer entfernt. Und da war mir klar, dass diese Sache da beendet war."
„Diese Sache" war der Prager Frühling, ein Reformpaket, welches Staatspräsident Swoboda und KP-Chef Dubcek in Windeseile auf den Weg gebracht hatten. Ein knappes halbes Jahr grünte in der Tschechoslowakei ein menschlicherer Sozialismus als im übrigen Ostblock. Die Pressefreiheit wurde eingeführt, die Zensur abgeschafft, Grenzbefestigungen zur westdeutschen Grenze demontiert. Doch mit dem Truppeneinmarsch mehrerer „Bruderländer" in Prag ging der Frühling in der Nacht zum 21. August zu Ende.
In der „goldenen Stadt" dominierte jetzt eine andere Farbe, Militärgrün. In Prag formiert sich einen Tag lang starker Widerstand gegen die Besatzer, im Nachbarland DDR schwacher Widerstand gegen die Zerschlagung eigener Hoffnungen. Toni Krahl, heute Sänger und Frontmann der Gruppe City, war „so erschüttert und bis ins Mark getroffen, dass das alles so ein Ende haben sollte."

Stiller Protest: Toni Krahl, heutiger Frontmann der Kultband City, versuchte 1968 eine Protestdemonstration in Ostberlin gegen die Niederschlagung des „Prager Frühlings" zu organisieren.

Der damals 19-jährige wollte mit Freunden eine Protestkundgebung vor der sowjetischen Botschaft in Ostberlin organisieren. „Wir waren vielleicht 15 oder 20 Leute, die sich da treffen wollten. Wir standen in kleineren Grüppchen ziemlich desolat herum, weil wir uns mindestens einer Hundertschaft von Stasi-Leuten gegenübersahen."
Die „Kundgebung" wird abgeblasen, die „Zusammenrottung" (DDR-Zeitungsdeutsch) findet nicht statt. Darüber ist die Staatsmacht sichtlich sauer.
„Um uns doch noch eins auf die Mütze geben zu können, durchsuchten sie uns während des Abblasens nach Propagandamaterial. Und auf diese Weise endete die ganze Aktion für mich im Knast." Drei Jahre sollte er sitzen, „war nach ein paar Monaten aber Gott sei Dank wieder draußen, so wie alle Jugendlichen, die noch unter 26 waren."
Bei der DDR-Jugend ist der Hunger nach Beat-Musik ungestillt. Die Konzerte steigen meist in kleinen Kneipen in der Provinz, von den Mächtigen still geduldet in dem Glauben, die Nachahmer westlicher Unkultur erfolgreich an die Peripherie gedrängt zu haben. Während die offiziell geförderte FDJ-Singebewegung Gitarren als Symbol der Rockmusik ins öffentliche Bewusstsein zurückbringt, bereitet eine neue Band ihren ersten Auftritt im Klubhaus „Tivoli" im sächsischen Freiberg vor: Die Puhdys, deren Namen aus den Anfangsbuchstaben ihrer Gründungsmitglieder besteht, geben dort am 19. November 1969 ein Konzert. Es ist ihr erster Schritt auf dem Weg zur Rockinstitution in der DDR schlechthin.

Wetterleuchten am östlichen Himmel im Woodstock-Jahr!

# XIV.

## „Ein großer Schritt für die Menschheit" Kosmische Momente im Sommer 1969

*„Ihr habt der Welt etwas bewiesen: Ihr habt gezeigt, dass sich eine halbe Million junger Leute zusammenfinden können, um drei Tage lang Spaß und Musik zu erleben – und zwar nur Spaß und Musik!"*

*Max Yasgur, Farmer und Grundbesitzer des Woodstock-Geländes, in seinem Grußwort*

„Germany is Creedence Country!", schwärmt Stu Cook, Bassist der Südstaatenlegende CCR. „Deutschland ist Creedence-Land", und so kommt der schwarzbärtige Mitfünfziger mit seiner Band oft und gern hierher. Zischend öffnet er eine Dose Bier und nimmt begierig den ersten Schluck. Was er an Deutschland liebt? „Das Bier, die Fans, gutes Essen und die Frauen." Eine interessante Reihenfolge. Es ist kurz nach der Jahrtausendwende, CCR spielen in einem kleinen Saal in Sachsen, das Publikum besteht, dem Äußeren nach, aus hartgesottenen Späthippies. Mister Cook hatte seinen „kosmischen Moment" im 20. Jahrhundert, mit dem CCR-Auftritt beim Woodstock-Festival 1969. Sein Blick verjüngt sich bei diesem Gedanken. Er kneift die Augen zusammen: „Ich sehe den Regen und die Massen. Auf so einem gigantischen Feld bin ich niemals wieder aufgetreten. Es war großartig."

Sein Kollege, Schlagzeuger Doug Clifford, zweit- und letztverbliebener der Urbesetzung, ergänzt: „Es war ein wirklich spirituelles Happening, mehr als ich emotional zu fassen vermochte. Da waren eine halbe Million Menschen unter schwierigsten Bedingungen zusammen, es gab kein Essen, kein Trink-

wasser. Und dazu regnete es wie aus Kannen. Und trotzdem gab es keine Gewalt. Die Menschen halfen sich gegenseitig."
Cook fällt seinem Drummer ins Wort und ist wieder in der Gegenwart:
„Heute veranstalten sie Woodstock-Revivals unter komfortabelsten Bedingungen, und die Leute hauen sich die Köpfe ein. Mit damals hat das alles nichts zu tun!"
CCR heißen heute „Creedence Clearwater Revisited", auf das Wort „Revival" müssen sie verzichten, weil ihr ehemaliger Frontmann und heutiger Widersacher, John Fogerty, den Namen per Gerichtsbeschluss untersagen ließ. Auf die Frage nach Kontakten mit Fogerty antworten die zwei grinsend: „Only by lawyers" – „Nur über die Anwälte."
Für Fogerty, frühere Markenstimme der Band, haben sie den unbekannten John Tristao engagiert. Der singt so ähnlich.
Einen Moment lang wünscht man sich, die Gedanken fremder Köpfe könnten sichtbar werden: Cook und Clifford waren dabei, beim wichtigsten Massenereignis der Pop-Geschichte, im August 1969. Wie sah es dort wirklich aus? Sie spielten am Samstag, früh um drei, rifflastigen Gitarrenrock. Nach den Kulthippies Grateful Dead, Stunden, bevor der große Regen kam und das Areal zum legendären Schlammbad aufweichte.

Es geschah genau vier Wochen vor Woodstock, um 21.56 Uhr New Yorker Ortszeit. In Deutschland war es 3.56 Uhr. Neil Armstrong setzte seinen Fuß auf den Mond, als erster Mensch, und sprach die bedeutungsschweren Worte, die ihm angeblich der bekannte Literat Norman Mailer empfohlen hatte: „Ein kleiner Schritt für einen Menschen, aber ein großer für die Menschheit."
Millionen deutsche Fernsehzuschauer haben ihn nicht gehört, den Satz der Sätze. Raumfahrtexperte Günther Siefarth, Korrespondent Lothar Loewe und Telefonreporter Werner Büdeler – live aus Houston – konversierten gerade heftig über die Bo-

denbeschaffenheit des Erdtrabanten. „‚Fast wie Puder', sagt Armstrong, ‚ein sehr, sehr feiner Sand.'" Büdeler übersetzt den Astronautenmonolog beim Abstieg aus der Landefähre fälschlicherweise: „Nur ein kleiner Schritt noch." Indes äußert Loewe die Vermutung, „dass das Fernsehbild eventuell auf dem Kopf" stünde, während Siefarth glaubt, „den Fuß von Armstrong" gesehen zu haben. Ein schwarzweißes Schattenspiel huscht über den Bildschirm, das also ist der Mond. Doch im Laufe der Übertragung gewinnen die Bilder an Konturen, und als der zweite Astronaut, Edwin Aldrin, aus der Fähre klettert, ist die Sensation perfekt. Die ersten Menschen betreten den Mond. Kennedys Versprechen hat sich erfüllt, alle Amerikaner sind patriotisch ergriffen, die Menschen weltweit begeistert.

Vom entscheidenden Schritt in den Kosmos beflügelt, liefen am 20. Juli die Vorbereitungen für das „größte kosmopolitische Ereignis auf unserem Planeten" auf Hochtouren.
„Drei Tage Frieden und Musik. Hunderte Morgen Land zum Wandern. Geht mal drei Tage lang spazieren, ohne einen Wolkenkratzer oder eine Verkehrsampel zu sehen", warben vier junge Leute überall in den Zeitungen der USA: John Roberts, Joel Rosenman, Michael Lang und Artie Kornfield, die Organisatoren des Woodstock-Festivals. 200.000 Dollar kostete die Anzeige, aber die vier Herren waren gut bei Kasse. Roberts stammte aus einer New Yorker Familie, der eine Kette von Arzneimittel- und Kosmetikbetrieben gehörte. Er verfügte über ein vererbtes Vermögen von vier Millionen Dollar. Seinen Kumpel Joel Rosenman lernte er auf einem Golfplatz kennen, und irgendwann kam beiden die Idee, ein Drehbuch für eine Fernsehserie zu schreiben. Ihnen schwebte eine Comedy-Show um zwei Freunde vor, die „mehr Geld als Hirn" besaßen und ständig auf neue Geschäftsabenteuer eingingen. Um Interesse zu erwecken, inserierten sie im März 1968 in der New York Times: „Junge Männer mit unbegrenztem Ka-

pital suchen interessante und legale Investitionsmöglichkeiten.“ Sie investierten schließlich in ein neues Aufnahmestudio in Woodstock, einem kleinen, malerischen Ort, knapp zwei Autostunden vor New York.
Der dritte im Bunde, Michael Lang, managte mehrere Nachwuchsbands und bemühte sich um Verträge bei Capitol Records. Dabei traf er auf Artie Kornfield, den Chef der Capitol-Tochter „Laurie Records“. Ihr beider Rechtsanwalt stieß auf die „Times“-Annonce der zwei Jungmillionäre aus New York und arrangierte ein erstes Treffen. Dieses ist in den Geschichtsbüchern am 6. Februar verzeichnet.

„Hinauf zu Yasgur's Farm“: Drei Tage Frieden und Musik - Logo des Woodstock-Festivals (Plattenhülle).

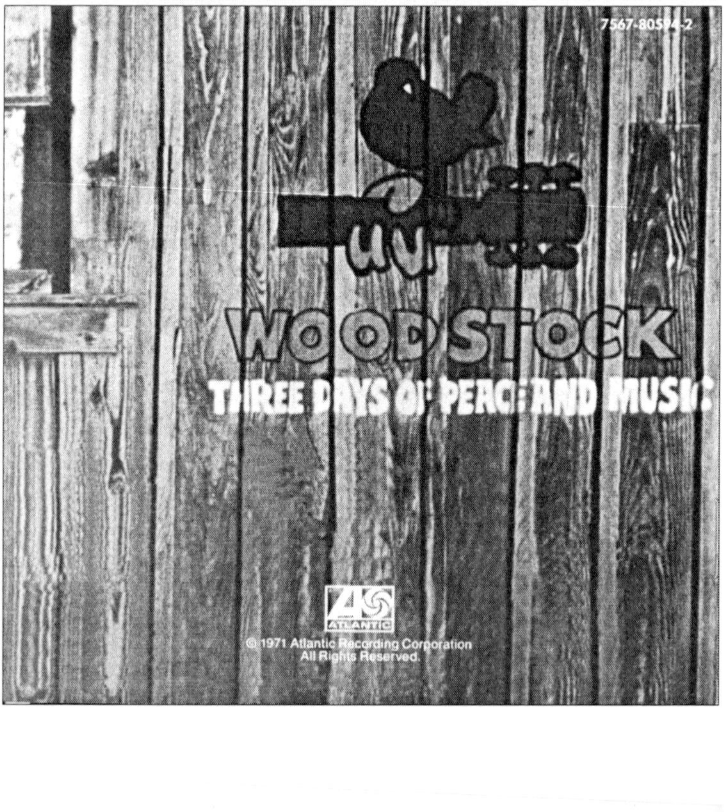

Allein der Name „Woodstock“ klang magisch in den Ohren vieler Musikfreunde und versprach darum Erfolg: Dort befand sich das berühmte Aufnahmestudio „Big Pink“, ein rosa angestrichenes Haus, in dem Bob Dylans Meisterwerke entstanden und die Platten von The Band („The Night They Drove Old Dixie Down“). In der näheren Umgebung wohnten manchmal Jimi Hendrix und Janis Joplin. Woodstock, das war Musik.

Nach der Musik kam der Mythos: Live-Mitschnitte und ein dreistündiger Film halten die Ereignisse vom August 1969 lebendig.

Den vier Unternehmern schwebte ein Freiluftkonzert vor, in der Größenordnung „Monterey". Sie gründeten zur Realisation eine eigene Firma, „Woodstock Ventures Incorporated". Vor allem die erste Garde US-amerikanischer Musik sollte zum Zuge kommen. Dazu gehörten auch Creedence Clearwater Revival, deren rifflastiger Südstaatenrock seit „Suzie Q" (1968) die Fans begeisterte. Für 11.500 Dollar Gage wurden sie am 10. April als erste Künstler gebucht. Es folgten alte Bekannte aus L.A., die Jefferson Airplane für 12.000 und die festivalbewährten Who aus England für 12.500 Dollar. Insgesamt gab Woodstock Ventures 180.000 Dollar für Musiker aus, wobei Superstar Jimi Hendrix den Spitzensatz von 18.000 Dollar kassierte.

Probleme bereitete von Beginn an der Veranstaltungsort. Woodstock selbst kam nicht in Frage, es bot kein geeignetes Gelände. Walkill, 50 Kilometer weiter südlich, gehörte zum Catskill-Gebirge und erschien mit seinen aufragenden Berggipfeln im Hintergrund bestens geeignet für den „Zurück-Zur-Natur"-Geist des Festivals. Mit einer Zahl von vorsichtig geplanten „50.000 Besuchern" trat man an die städtischen Behörden heran, die sich wenig begeistert zeigten. Daraufhin fuhr durch die Häuser der 10.000 friedlichen Bürger ein Aufschrei blanker Furcht vor „vandalisierenden Hippie-Horden". Eine Bürgerinitiative gründete sich eilends und verlangte, bereits getroffene Vereinbarungen zu kündigen. Der Stadtrat gab nach. Genau einen Monat vor Festivalbeginn zog man in Walkill die Brücken ein.

Ein gewisser Elliot Tiber las in der Zeitung davon, dass Woodstock in Walkill verboten worden war. Er besaß ein Hotel in dem kleinen Ort White Lake und lief schon lange mit der Idee schwanger, ein Mini-Festival zu veranstalten, um sein Hotelgeschäft wiederzubeleben. Tiber rief sofort bei Woodstock Ventures an, und am 18. Juli kam Michael Lang in White Lake vorbei. Mister Tiber hatte einen Freund, Max Yasgur, einen freundlichen Milchbauer mit einer riesigen Farm im benachbarten Bethel. Dessen Latifundien erstreckten sich über 243 Hektar zwischen White Lake und dem Nachbardorf Bethel. Abschüssiges Gelände, eine kleine Erhebung für die Bühne, ein See im Hintergrund – genau das, was Lang gesucht hatte! Yasgur, Vater zweier Kinder „in eurem Alter", zeigte sich redsam. Der Vertrag wurde gleich auf dem Feld abgeschlossen, und der hilfsbereite Viehbauer erhielt eine Aufwandsentschädigung von 50.000 Dollar.

Allmählich merkten die Bürger von Bethel, dass Woodstock bei ihnen stattfinden würde. In dem 3.900-Seelen-Nest stiegen 800 Einwohner auf die Barrikaden, unterschrieben eine Petition, um das Festival zu stoppen. Vereinzelte Boykottaufrufe zierten das Straßenbild:

**„Stoppt Maxens Hippie-Festival! Kauft keine Milch bei ihm!" Die Opposition errichtete sogar eine Blockade auf dem Highway 17, der größten Hauptstraße im Bundesstaat New York. Auf ihr sollten die Heerscharen musikhungriger Fans heranströmen. Doch es half nichts mehr. Unter dem Motto „Drei Tage Frieden und Musik" bewarben Zeitungen und Radiosender das bevorstehende Ereignis, während 200 ausgesuchte Hippies die Bühne zimmerten, das Gelände markierten und einzäunten.**

Am Mittwoch, dem 13. August, rückten die ersten Gäste an, „eingefleischte ständige Aussteiger. Haar und Sprechweise zeigten an, dass sie sich seit langem in Kommunen, radikalen Gruppen oder einfach in einem oppositionellen Lebensstil eingegraben hatten", beschrieb ein Zeitungsbericht die Ankömmlinge. Ein Ticket für alle drei Tage kostete 18 Dollar, inklusive Campingplatzgebühr.

Für Ordnung sollten aus New York georderte Polizisten in Zivil sorgen, vor allem den Verkehr regeln. Bundesstaatliche

Bürokratie verhinderte dies, denn die Behörden von Bethel verboten den Beamten, Dienst in ihrem Distrikt zu verrichten. Einmal angereist, ließen sich einige von ihnen als Kontrollkräfte auf die Honorarliste von Woodstock Ventures setzen, für stattliche 90 Dollar pro Tag und unter falschem Namen. Am Ende standen auf der Liste neun Männer mit dem Namen „Mickey Mouse".

Hand in Hand mit ihnen arbeitete die volkseigene Hippie-Polizei, angereist aus dem San Fernando Valley bei Los Angeles. „Hog (Schweine-) Farm" nannten sich die Betreiber einer Schweinemastanlage, die kollektiv gesellig zusammenlebten, arbeiteten, brüderlich teilten und auch sonst frühkommunistische Umgangsformen pflegten. Ihr Chef, bürgerlich Hugh Romney, gab sich den Namen „Wavy Gravy" und sah sich selbst als Poet im Geist von Flower Power. Völlig zahnlos rezitierte er seine abstrusen Verse über Liebe, Kosmos und Mao-Tse-Tung zu treibenden Jazzrhythmen. In Woodstock aber wollte er gemeinnützig arbeiten und brachte dazu 85 „Brüder und Schwestern" sowie 15 Hopi-Indianer aus dem benachbarten Reservat im heimischen Valley mit. Aufopferungsvoll kochten sie Kessel voller Hühnersuppe, Reis und Bohnen, verteilten Konservennahrung, Obst und Sandwiches.

750.000 belegte Brote sollten von außerhalb kommen, angefordert bei einer Vertriebskette namens „Food For Love" – „Nahrung für Liebe". Aber schon am Freitag kam keiner mehr durch. Etwa 200.000 Menschen bevölkerten das Gelände, als um 17.07 Uhr Ortszeit mit dem Auftritt von Richie Havens das Programm zur „Woodstock Music and Arts Fair" („Woodstock Musik- und Kunstmesse") begann. Organisator Michael Lang: „Als Kornfield und ich am Freitag in unser Hotel gingen, um zu duschen, sahen wir die Auto- und Menschenschlangen zum ersten mal. Vor Freude wälzten wir uns auf dem Fußboden und lachten. Aber schon bald war ich wie erschlagen. Die Situation schien sich einer Katastrophe zu nä-

hern." Bis zu 20 Meilen lange Rückstaus legten den Verkehr völlig lahm, und noch immer strömten pausenlos Neuankömmlinge auf das Gelände, trampelten die niedrigen Umzäunungen nieder. Um auch nur den geringsten Gewaltanlass zu vermeiden, stoppten die Veranstalter den Kartenverkauf und erklärten: „It's a free concert from now on!" Woodstock war ab sofort ein Gratiskonzert.
Ein weiteres Problem machte Lang und Freunden zu schaffen. Die Künstler kamen nicht mehr durch. Für 100.000 Dollar mieteten sie eine Hubschrauberflotte der US-Army an. Einige Interpreten, obwohl fest gebucht, erreichten trotzdem nicht das Gelände. Die Gruppe Iron Butterfly („In A Gadda-da-Vida") saß auf dem New Yorker Flughafen fest und resignierte. An einen geregelten Programmablauf dachte niemand mehr. Langweile – der größte Feind des Friedens – durfte nicht aufkommen, und so betrat die Bühne, wer gerade eingetroffen war. Richie Havens improvisierte drei Stunden lang, bevor es mit dem weißen „Blues-Albino" Johnny Winter weitergehen konnte.
Kurz vor Sonnenuntergang brachte Country Joe McDonald, ein munterer Bursche aus San Francisco, ehemals Berkeley-Student und Bewohner von „Haight Ashbury", die Stimmung auf den Siedepunkt.

**Er eröffnete mit dem berühmten Anfeuerungsruf: „Give me an F... Give me an U... Give me a C... Give me a K", wobei es lautstark aus dem Publikum zurückhallte. Für diesen Spaß, sein Markenzeichen, war McDonald von verbissenen Ordnungshütern nach einem Auftritt in Massachusetts tatsächlich eingesperrt worden.**

Hinter der 20 Meter breiten Bühne erhob sich auf einem Hügel die Zeltstadt der Ordnungshelfer, Ärzte und Sanitäter. Hans-Georg Behr, ein Österreicher, der im Sani-Zelt pausenlos half, erhaschte zwischendurch kurze Blicke auf die Bühne:

„Joan Baez sang so ein entsetzliches Lied über Frieden. Sie hat ja eh eine Stimme wie Brausepulver, ganz antiseptisch und sauber. Ich konnte es nicht mehr hören!“
Bob Dylans verflossene Liebe trat, wie auch Joe Cocker oder John Sebastian, mehrmals auf. Sie war zweifellos die politischste Pazifistin in Woodstock mit ihrem Lied über „Joe Hill“, einen Bürgerrechtler, das sie „42 im Hungerstreik befindlichen Wehrdienstverweigerern“ widmete.
„Wir haben jedes Mal gesagt: die Morgennonne! Zwischendurch hat sie mit uns gekifft, aber wenn sie auf der Bühne stand, war sie der weiße Riese“, erinnert sich Behr. Nach ihrem ersten Auftritt am Freitagabend begann es zu regnen, zuerst nieselnd, dann stärker, Vorankündigung für das Unwetter am nächsten Tag.

Der aber begann mit einem ersten Unglück: Am Samstagfrüh überrollte ein Bulldozer einen jungen Mann im Schlafsack, das war der erste Tote. Im „Krankenhaus“ backstage hatte man alle Hände voll zu tun. Eine Abteilung kümmerte sich um Leute mit Halluzinationen von schlechten LSD-Trips, eine zweite um zerschnittene Füße, denn das Gelände war übersät mit Glasscherben. Die dritte Abteilung behandelte Leute mit einer typischen Woodstock-Krankheit: Sonnenbrände und verbrannte Augen – viele Besucher lagen zu lange auf dem Rücken und schauten in die Sonne.
Knapp 400 Patienten mussten wegen Drogenzwischenfällen behandelt werden. Rauschgifte aller Art konnte man völlig offen konsumieren, auf einer speziellen „Einkaufsmeile“ boten Dealer ihre Substanzen feil, von den Besuchern ironisch „High Way“ genannt. Im Polizeibericht hieß es später, die Luft auf dem weiten Areal hätte voller Haschischrauch gestanden, „so dass man vom bloßen Einatmen schon benebelt wurde.“ Ein 18-jähriger und ein 30-jähriger Mann starben an Überdosen Heroin, die nächsten von insgesamt drei Toten an den drei Tagen.

Am Samstag und Sonntag campierten geschätzte 500.000 Menschen auf dem Gelände. Etwa eine weitere Million (!) blieb im Verkehrschaos auf den Zufahrtswegen stecken. New Yorks Gouverneur Rockefeller erklärte Bethel und Umgebung vorsichtshalber zum „Katastrophengebiet". Sanitäter Hans-Georg Behr spürte „... die knisternde Stimmung. Alle waren besorgt. Massenveranstaltungen haben sowas Magnetisierendes. Ja kein Loch, keine schlechte Stimmung aufkommen lassen, so hieß die Devise!" Musikalisch ging es bereits morgens um sieben weiter mit schwerem Rock, „the heavy groups", wie Grace Slick von den Airplane sagte.

The Who, Janis Joplin, Creedence Clearwater Revival, The Grateful Dead, Canned Heat, Mountain und Santana. Später, am Nachmittag, öffnete der Himmel seine Schleusen. Ein Wolkenbruch platzte herunter, der verschiedene Kurzschlüsse auslöste und das Equipment von Cheftechniker Chip Monck (er hatte schon Monterey beleuchtet und beschallt) vorübergehend lahm legte. Trotz des gebetsmühlenhaften Kollektivrufs von der Bühne herab und im Publikum „No Rain! No Rain!" nahm das Sauwetter seinen Lauf und verwandelte Yasgurs Farmgelände in ein Schlammloch. Viele nahmen es als Prüfung des Schicksals, um die Friedfertigkeit der unzähligen Menschen auf eine noch härtere Probe zu stellen.

Leid verbindet und schlechtes Wetter auch. Menschen, die einander wildfremd waren, verkrochen sich gemeinsam unter Decken, Zeltplanen, Plastiksäcken. Sie teilten alles, was irgendwie regenfest erschien. Der Wolkenbruch ließ nach und wandelte sich zum langsamen Dauerregen. Auf der Bühne musizierte man wieder, bis zum frühen Sonntagmorgen. Grace Slick begrüßte das Publikum in der blauen Dämmerung: Ein neuer Morgen breche an, und dann spielten Jefferson Airplane „es gibt eine Revolution, es gibt eine alte Generation, doch wir sind die junge Generation, die Seele hat, wir sind die Freiwilligen Amerikas." Zum swingenden Rhythmus

der Musik verteilten die Wohltäter der Hog Farm Frühstück, der zahnlose Wavy Gravy nannte es „Frühstück im Bett für 400.000“. Es bestand aus Hafer- und Hirsebrei, man hatte Brötchen zu Brei gekocht und „gestreckt“.
Es schmeckte nicht, es reichte nicht für alle, aber für viele.
Jimi Hendrix Superstar sollte am Sonntagnachmittag den krönenden Abschluss bilden. Es hatte aufgehört zu regnen, die Sonne zeigte sich und brachte vielen einen Sonnenbrand. Hendrix war nicht auffindbar. Das Programm verzögerte sich unkontrollierbar. Noch einmal spielten The Band, Joe Cocker, Ten Years After, Johnny Winter und Crosby, Stills & Nash.
Jimi Hendrix, der nach eigenem Bekunden „erschöpft irgendwo hinter der Bühne“ saß und auf seinen Einsatz wartete, musste sich bis Montag früh gedulden. Seine Fans ebenfalls. Immerhin 30.000 hatten ausgeharrt und erlebten, vor der Kulisse wachsender Müllberge, wie sich Hendrix an einem Heiligtum vergriff. Mit Wah-Wah-Effekten und martialischen Verzerrungen intonierte er die Nationalhymne. Mal klang es wie Bombergedröhn, Napalmfeuer oder Todesschreie. Die Hymne und die amerikanische Luftwaffe im Einsatz. Ein sarkastischer, anklagender Gruß hinüber nach Vietnam, einem Wort, das aus Hendrix' Mund nie zu hören war. Seine Gitarre sprach, solange er sie spielte. Sein zorniger Ausbruch, das Musikereignis von Woodstock schlechthin, glitt hinüber in ein klagendes Bluesthema. Der „wilde Mann von Monterey“ verabschiedete sich mit einem zerbrechlichen Schlussakkord und beendete das Festival mit einem zaghaften „Thank You“. Es war Montag früh, zehn Uhr Ortszeit.

Musikalisch brachte Woodstock kaum Neuentdeckungen. Vielleicht Joe Cocker oder Crosby Stills Nash & Young. Aber diese hatten auch vorher schon erfolgreich Platten aufgenommen. Woodstock verhalf ihnen allenfalls zum Durchbruch.

Sanitäter Hans-Georg Behr hält die Verklärung um das Festival für völlig übertrieben. Für ihn wollten die brav erzogenen Ostküstenkinder in den Ferien auch mal „Hippie" spielen:
„Man braucht so einen Mythos, an den man eine ganze Generation nageln kann. Das waren die Studentenunruhen für die Denkenden, und das war Woodstock für die Blöden."

Vielleicht wären die drei Tage von Bethel wirklich nur eine Fußnote in der Geschichte geblieben, gäbe es nicht den herausragenden Film von Michael Wadleigh. Der hieß natürlich auch „Woodstock" und feierte im März 1970 Kinopremiere. Innerhalb von fünf Monaten spielte er fünf Millionen Dollar ein. Eine dynamische Schnittkombination, zwei- oder sogar dreigeteilte Szenenbilder zeigen kraftvoll, wenngleich mystisch überhöht, die Ereignisse vom August '69.
Max Yasgur, der viehzüchtende Gastgeber, starb 1973 nach einem Herzanfall. Bis zu seinem Tod stritt er sich vor Gericht mit Nachbarn, die ihn wegen entstandener Sachschäden verklagt hatten. Die vier Organisatoren Lang, Roberts, Kornfield und Rosenman, zerstritten sich hochverschuldet und klagten gegenseitig um die Nutzungsrechte an dem Begriff „Woodstock". Der große Frieden der drei tollen Tage fand sein Ende im juristischen Unfrieden.
Folk-Ikone Joni Mitchell, selbst nicht in Woodstock dabei, hat ein Jahr später mit ihrem Song entscheidend am Mythos mitgestrickt:

„Ich traf auf ein Kind Gottes,
es ging die Straße entlang, und ich fragte:
‚Wohin gehst du?'
Es antwortete:
‚Hinauf zu Yasgurs Farm, ich will in einer Rock'n Roll Band spielen,

ich werde im Freien wohnen
und meine Seele wird frei sein.'

Wir sind Sternenstaub, wir sind aus Gold,
und wir sind auf dem Weg ins Paradies zurück.
Als wir nach Woodstock kamen, waren wir eine halbe Million.
Songs und Partys waren überall.
Ich träumte, wie die Bombenflugzeuge durch die Wolken stießen und sich über unserem Land in Schmetterlinge verwandelten."

# XV.

## Das Ende der 60er

Mit dem Festival von Bethel ging die letzte und zugleich größte Illusion von einer „friedlicheren Welt“ zu Ende.
Ein Rocker der Bande „Hell's Angels“ („Engel der Hölle“) erdolchte diese Illusion vier Monate später buchstäblich, als er bei einem Auftritt der Rolling Stones auf dem Altamont Speedway bei San Francisco den 18-jährigen Farbigen Meredith Hunter im Handgemenge zu Tode stach. Dieses als „böser Zwilling von Woodstock“ bekannte Festival gipfelte in einer Gewaltorgie.
Die Hell's Angels, offiziell angeheuerte „Ordnungstruppe“, bedröhnt von Hektolitern Rotwein und Rauschgiften, traktierten das Publikum mit Schlägen, Fußtritten und eben Messerstichen. Ein mutmaßlicher Täter, per Filmaufzeichnung im Gemenge gesichtet, erhielt Freispruch. Er habe in Notwehr gehandelt.
In der leblosen Hand des Opfers Hunter fand man, fest umkrampft, eine Pistole. Ob er diese selbst in Notwehr gezogen hatte, konnte nur vermutet werden. Aber Vermutungen sind für ein Gerichtsurteil nicht maßgeblich. Jener furchtbare Tod im blutroten Schein des Bühnenlichts markierte das Ende der großen Hoffnungen auf Veränderungen, Frieden und Nächstenliebe durch Musik.

Wie in keiner anderen Zeit hat die Musik der Sechziger politische Ereignisse und gesellschaftliche Prozesse reflektiert und kommentiert. Viele Songs von damals sind gelebtes Zeitgefühl. Doch zugleich verlor der Pop schleichend seine Unschuld. Als das Jahrzehnt vorüber war, die Beatles und andere stilprägende Ensembles sich getrennt hatten, Köpfe wie Brian Jones, Jimi Hendrix, Janis Joplin und Jim Morrison verstorben waren, blieb nur noch das Geschäft übrig. Davon hat sich die „ehrliche Musik“ nicht mehr erholt. In den Siebzigern wurde jede Stilrichtung eiligst aufgegriffen und so zur neuen Massenmode. Ein multimedialer „Produktionsprozess“ begann. Er hält bis heute an und wird stärker denn je angewendet.

Die Musik der Sechziger mit ihren vielen Basis-Strömungen und modischen Experimenten, mit ihrem zeitweiligen Kampf gegen das Establishment, sie bleibt das größte globale Kulturfaszinosum der Musikgeschichte. Wie lange dieses Jahrzehnt auch zurückliegt, es zeigt die Qualität der unsterblichen Songs von damals, die, verglichen mit heutiger Computer-Improvisation, von weit entfernten Zeiten künden.
Deswegen erleben sie eine Renaissance. Bei vielen Heranwachsenden sind die Sechziger schwer angesagt. Sie reagieren angewidert auf die blitzhafte Reizüberflutung von heute, den gleichhämmernden Multi-Bild-Salat der TV-Musikkanäle, und sie suchen im Vergangenen nach Alternativen, nach Antworten und nach ehrlichem Gefühl.

**Musik malt Bilder, und so existieren die Sechziger weiter als buntes Kaleidoskop in vielen Köpfen.**

All denen, die – musikliebend ausgedrückt – auch unter dem „Fluch der zu späten Geburt“ leiden, ist diese Auswahl bedeutender Episoden der 60er gewidmet.

*Leipzig, im September 2002*